AF482944

Ernst Udet

Mein Fliegerleben: Die Autobiografie

e-artnow 2018

Wilhelm Cremer
Die Entdeckung des Erdballs - Die Reisen des Marco Polo, Christoph Kolumbus, Vasco da Gama, Fernando Cortez, Francis Drake, James Cook, Die Eroberung des Nordpols und viel mehr

Robert Louis Stevenson
In der Südsee

Ernst Udet
Mein Fliegerleben: Die Autobiografie

T. E. Lawrence
Aufstand in der Wüste (Autobiografischer Kriegsbericht des Lawrence von Arabien)

Heinrich Smidt
Seeschlachten und Abenteuer berühmter Seehelden - Ein Buch der Admirale: Spannende Kapitänsgeschichten: Horatio Nelson + Kap Sanct ... Forbin + Die Schlacht der fünf Admiräle...

Hans Paasche
Fremdenlegionär Kirsch - Eine abenteuerliche Fahrt von Kamerun in die deutschen Schützengräben in den Kriegsjahren 1914/15: Mit Abbildungen - Kriegserlebnisse: Erster Weltkrieg

Hanns Reska
Die Todesfahrt der "Advance" im ewigen Eise: Voll illustriertevon E. K. Kane's berühmte Grinnell-Nordpolexpedition (RMS Titanic Vorgänger)

Manfred von Richthofen
Der rote Kampfflieger

Francisco de Xerez
Geschichte der Entdeckung und Eroberung Perus: Die Wahrheit über die Inkas und Konquistadoren von einem Teilnehmer

Ernst Udet
Mein Fliegerleben (Memoiren)

Ernst Udet

Mein Fliegerleben: Die Autobiografie

e-artnow, 2018
ISBN 978-80-273-1625-0

Inhaltsverzeichnis

Mit 77 Abbildungen

Im Deutschen Verlag – Berlin 301.-350. Tausend Printed in Germany Copyright 1935 by Deutscher Verlag, Berlin

Ich schreibe dieses Buch für die Jugend, die nach uns kommt. Denn sie wird einst der Richter unserer Taten sein. Ich widme es meinen toten Kameraden. Denn sie haben das Beste von uns allen getan. Und wenn ich sonst noch einen Zweck mit diesem Buch verbinde, so ist es der: ich möchte zeigen, daß es das Schicksal jedem von uns in die eigene Hand gegeben hat, ob wir Krämer sein wollen oder Soldaten, ob wir das Leben genießen wollen oder unser Glück für nichts achten vor einer Idee, die die kleine Barke unseres Daseins in den ewigen Strom der Geschichte hinausträgt.

Flug über Feindesland

Als ich in unsere Stube trete, ruft mir Niehaus schon an der Tür entgegen: »Udet, sofort zu Leutnant Justinus kommen, er hat schon zweimal nach dir geschickt!«

Ich rücke die Mütze gerade, Kokarden in Verlängerung des Nasenrückens, und gehe den langen, grauen Kasernenflur entlang. Die Flugschüler kommen von einem Übungsmarsch zurück, mit Karabiner und Tornister klappern sie an mir vorbei.

Ich überlege: Was kann Justinus von mir wollen? Ob er erfahren hat, wer dem Hauptmannshund Benzin unter den Schwanz gespritzt hat? Wäre komisch, wenn er sich darum kümmerte. Denn er ist schließlich nur nach Darmstadt kommandiert, um Piloten für seine Abteilung auszusuchen. Mit dem inneren Betrieb der Fliegerersatzabteilung hat er nichts zu tun.

Der »Aeroklub 1900« als Zaungast bei den Ottowerken

Eine schmale Tür, ein weißes Pappschildchen »Lt. Justinus«. Ich klopfe, trete ein.

Justinus liegt auf dem Bett, in Hemdsärmeln. Der Waffenrock hängt über der Stuhllehne, das Band des Eisernen Kreuzes leuchtet aus dem zweiten Knopfloch. Draußen vor dem offenen Fenster flirrt ein heißer Sommertag.

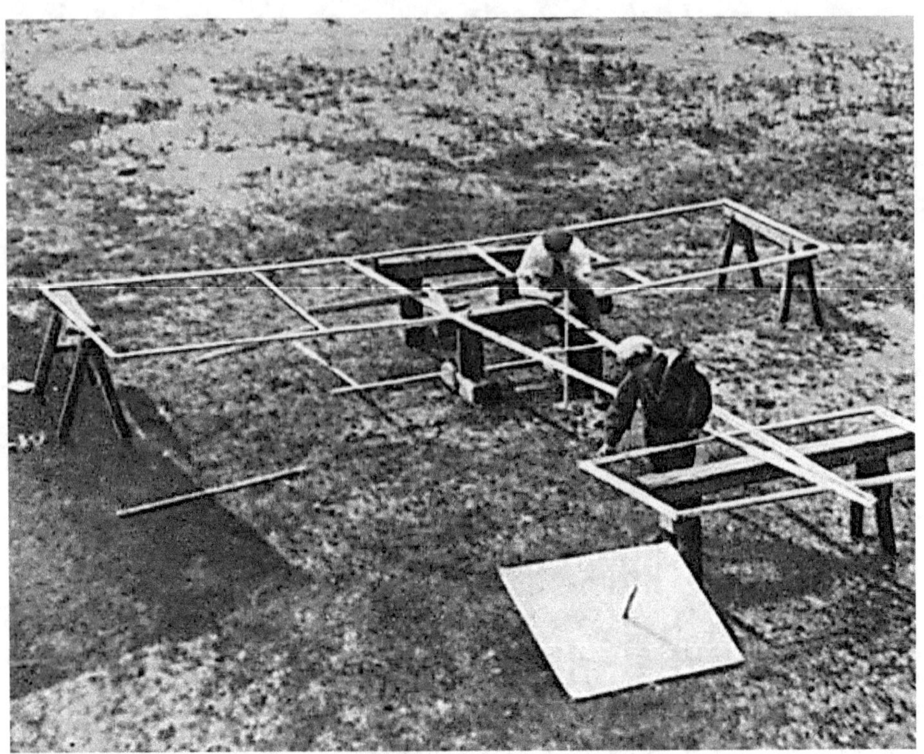

Der erste Gleitflugapperat wird gebaut

Ich stehe stramm.

»Setzen Sie sich, Udet!« sagt Justinus, reckt sein Bein aus und fegt einen Stoß Zeitungen vom Stuhl auf den Boden herunter.

Ich setze mich und sehe ihn erwartungsvoll an.

»Wie alt sind Sie eigentlich?« beginnt er unvermittelt.

»Neunzehn Jahre, Herr Leutnant!«

»Hm«, brummt er, »bißchen jung!«

»Aber ich werde bald zwanzig«, füge ich eilig hinzu, »nächstes Jahr im April.«

Um seine Augen bilden sich Lachfältchen. »Na, da beeilen Sie sich mal«, sagt er. »Und wie sind Sie zur Fliegerei gekommen?«

Ich fange an zu begreifen, was er von mir will.

»Ende Vierzehn wurde ich als freiwilliger Motorradfahrer entlassen«, berichte ich eifrig, »und da habe ich mich sofort bei einer Fliegerersatz-Abteilung gemeldet. Bin aber nicht genommen worden.«

»Weshalb?«

»Weil ich damals noch zu jung war«, gebe ich zögernd zu. Justinus lächelt wieder. »Und dann?« fragt er.

»Dann habe ich mich als Zivilflieger ausbilden lassen. Bei den Ottowerken in München.«

»Auf eigene Kosten?«

»Mein Vater hat zweitausend Mark bezahlt und eine Badezimmereinrichtung für Herrn Otto.«

Unfreiwillige Landung beim Gleitflugversuch in Niederaschau

Ich will noch weiter erzählen, aber Justinus schneidet mir mit einer Handbewegung das Wort ab. »Ist gut!« sagt er. Dann richtet er sich auf, den Kopf auf den Ellenbogen gestützt, und sieht mich mit seinen harten, blauen Augen eine Weile prüfend an.

»Hätten Sie Lust, mit mir rauszugehen, als mein Pilot?« fragt er. Obwohl ich das erwartet habe, kann ich nicht verhindern, daß ich rot werde. Vor Freude. Denn Justinus ist ein feiner Kerl. »Verdammt schneidiger Hund!« sagen die Flugschüler von ihm.

Als Pennäler vor Verdun, 1913

»Selbstverständlich, Herr Leutnant!« schmettere ich ganz vorschriftswidrig. Er nickt mir freundlich zu.

»Geht in Ordnung!«

Ich stehe auf, baue ein strammes Männchen. In der Tür ruft er mich noch mal zurück.

»Haben Sie heut abend frei?« Und als ich bejahe: »Dann wollen wir unsere neue Ehe begießen, ›Emil‹.«

»Jawoll, Leutnant ›Franz‹.« Bei ihm riskiere ich diese Antwort.

»Emil« heißt in der Fliegersprache der Pilot, »Franz« der Beobachter. Aber nur »Franz« traue ich mich denn doch nicht zu sagen.

Gegen Morgen kommen wir heim. Ich bin lange über meinen Urlaub ausgeblieben, und Justinus hängt mir sein Offizierscape um, damit ich ungefährdet die Posten passieren kann.

Rohrlegerlehrling in Vaters Fabrik

Am nächsten Morgen bei den Schulflügen im Grießheimer Sand hätte ich beinah Bruch gemacht. Ich vergesse, meinem Schüler, dem großen, dicken Kolonialwarenhändler, der immer zu früh abfängt, im entscheidenden Augenblick mit dem Spazierstock eins über die Haube zu geben. Erst im allerletzten Moment kriegt er seinen Puff. So sehr beschäftigt mich das Gespräch mit Justinus.

*

Nun bin ich schon vierzehn Tage bei der Flieger-Abteilung 206 in Heiligkreuz. Jeden Tag machen Justinus und ich ein paar Flüge zusammen. Meist müssen wir die Artillerie unseres Abschnitts einschießen, deshalb haben wir fast immer dieselbe Landschaft unter uns, die Drei Ähren, den Schwarzen und den Weißen See, die, von den dunklen Hängen der Vogesen beschattet, wie geschmolzenes Blei zu uns heraufblinken.

Die erste Maschine, Geschenk für das bestandene Einjährigen-Examen

Nur manchmal holen wir weiter aus. Einmal so weit, daß ich über die Hügelrücken hinweg die runde Mütze des Kirchturms von Saint-Dié herübergrüßen sehe. Hier sind wir als Motorradfahrer gewesen, damals, zu Anfang des Krieges. Ist es neun Monate her oder neun Jahre? Zu fünft fuhren wir hinaus gleich im August, nur drei kamen im Dezember wieder heim. Einen haben die Franzosen totgeschossen, der andere nahm sich selbst das Leben, weil er den Krieg und die harte Anspannung des Dienstes nicht ertragen konnte. Wie weit das alles zurückliegt! Ich meine manchmal, es müßte in einem früheren Leben gewesen sein.

Kriegsfreiwilliger Flieger mit Lt. Justinus

Gelegentlich begegnen wir auch einem Feind, aber wir Beobachtungsflugzeuge tun uns nichts. Wir haben kaum Waffen an Bord, das weiß jeder vom andern, und so ziehen wir wie Schiffe auf See aneinander vorüber.

Mit Beginn des Herbstes wird der Luftkrieg härter. Zu Anfang wurden aus den Maschinen noch Stahlpfeile auf die Truppe heruntergeworfen. Jetzt aber hat man Bomben hergestellt, deren Wirkung schon fast einem Granateinschlag gleichkommt. Um dem Feind die neue Errungenschaft möglichst nachdrücklich vorzuführen, wird am 14. September ein Bombenangriff aller Flieger der Armee auf Belfort angesetzt.

Justinus und ich fliegen mit. Es ist ein grauer Tag, erst in dreitausendfünfhundert Meter Höhe durchstoßen wir die Wolken. Hier oben ist es wunderbar ruhig, fast windstill. Unsere weiße Aviatik B mit dem 120-Mercedes streicht wie ein Schwan dahin. Justinus späht häufig über Bord nach unten, durch Risse in der Wolkendecke kann man die Erde erkennen.

Plötzlich ein metallisches Klingen, so als ob eine Klaviersaite reißt. Im nächsten Augenblick bekommt der Apparat Schlagseite nach links, trudelt und stürzt in die Wolken hinein. Über der Rücklehne des Vordersitzes erscheint bleich und fragend das Gesicht von Justinus.

Ich zucke die Achseln. Ich weiß selbst noch nicht, was geschehen ist, ich weiß nur, daß ich das Seitensteuer mit aller Kraft treten muß, nach rechts treten, und das Steuerrad hinüberdrehen, daß mir die Hände schmerzen.

Nach erfolglosem Kampf mit den Wanzen im Neubteisacher Militärgefängnis

Tausend Meter stürzen wir, dann fängt sich der Apparat. Er liegt noch immer schief, aber er trudelt nicht mehr, und wir können hoffen, im Gleitflug zur Erde zu kommen. Zur Erde –

das bedeutet in Gefangenschaft. Denn wir sind noch mindestens fünfzehn Kilometer vor der deutschen Front.

Justinus deutet auf das rechte obere Tragdeck. Ich sehe: der Scheckel, an dem das Verspannungskabel befestigt ist, muß gerissen sein. Das Kabel flattert im Winde, und unter dem Druck der Luft bauscht sich die obere Tragfläche nach oben.

Wir gleiten ostwärts auf die Schweizer Grenze zu. Ab und an gebe ich ein bißchen Gas, um den Höhenverlust aufzuhalten. Dann legt sich die Maschine auf die Seite, neigt sich mehr und mehr, ich muß fürchten, wieder ins Trudeln zu kommen. Ich nehme das Gas weg.

Über Montbéliard kommen wir aus den Wolken heraus. Achtzehnhundert Meter zeigt der Höhenmesser, und die Schweizer Grenze ist noch über zwölf Kilometer entfernt. Es scheint ausgeschlossen, daß wir sie erreichen.

Justinus steht auf, klettert langsam aus seinem Beobachtersitz heraus – das Herz schlägt mir im Halse beim Zusehen – auf die rechte Tragfläche hinaus, tastet sich bis zur Mittelstrebe. Dort läßt er sich nieder, die Beine in der Luft baumelnd. Wir sind sechzehnhundert Meter hoch.

Ich gebe wieder Gas, die Maschine neigt sich zur Seite. Es ist zu fühlen, daß Justinus einen Ausgleich schafft, aber es ist zu wenig.

Lange kann ich das Steuerrad so nicht mehr halten. Ich spüre, wie ein Zittern durch meine Arme läuft. Ich winke Justinus. Mein Arm schlägt dabei wie ein losgerissener Maschinenkolben im Krampf hin und her. »Komm!« schreie ich. »Komm!« Den »Leutnant« und alles andere habe ich vergessen.

Und Justinus kommt. Langsam kriecht er über das schräggeneigte Tragdeck wieder herein.

Ein paar mächtige Schläge lassen die Maschine erzittern, die dünne Holzwand des Beobachtersitzes zersplittert, zwei Hände erscheinen, zwei blutende, von splitterndem Holz zerschürfte Hände tasten in der Luft umher und packen das Steuerrad. Justinus ist da, Justinus hilft mir!

Sein Gesicht, blaß unter der Bräune, vor Anstrengung mit kleinen Schweißperlen bedeckt, erscheint einen Augenblick über der Öffnung. »Wir müssen durchhalten, Junge!« brüllt er... »Rüber nach der Schweiz!« Wir sind tausend Meter hoch und noch acht Kilometer von der Grenze entfernt.

Die Erde unten ist ganz unberührt vom Kriege. Dörfer mit roten Ziegeldächern, ins saftige Grün der Obstbäume eingebettet, das lebendige Schachbrett der Felder.

Da – ich zucke zusammen – mitten durch die Flur läuft Stacheldraht, das Verhau, das die Schweiz gegen Überläufer errichtet hat. In sechshundert Meter Höhe passieren wir bei Saint-Dizier die Grenze.

»Die Schweiz!« brülle ich nach vorn. Justinus' Gesicht erscheint wieder über der zersplitterten Rückwand des Beobachtersitzes.

»Nach Deutschland!« schreit er zurück.

Gas, Gleitflug, Gas, Gleitflug! Wir streichen ganz niedrig über der Landschaft hin. In den Dörfern bleiben die Leute auf den Straßen stehen, deuten mit offenen Mäulern nach oben. Courtemaiche muß das sein! Das Vendlincourt! Und dann – wieder Stacheldraht: die Grenze, die Grenze nach Deutschland!

Auf einem frischgepflügten Acker landen wir. Wir springen aus dem Flugzeug heraus, wir sehen uns an, und plötzlich packt's uns wie ein Rausch. Es gibt keinen Leutnant Justinus mehr und keinen Flieger Udet, es gibt nur noch »Franz« und »Emil«, zwei Jungens, die herumhopsen wie Siouxindianer um einen Marterpfahl, die Erdklöße aufgrabschen und sich damit bewerfen, als wenn es Schneebälle wären.

Man hat unsere Landung beobachtet, übers Feld kommen Leute gelaufen, wir nehmen Haltung an. Justinus gibt einem Radfahrer den Auftrag, vom nächsten Dorf aus nach Heiligkreuz zu telefonieren.

Der Kreis der Neugierigen wird immer größer, wir gehen neben dem Flugzeug auf und ab. Justinus schlägt mir auf die Schulter: »Weißt du was? Wir lassen uns hier einen neuen Scheckel machen und fliegen aus eigener Kraft zurück.« Ein großartiger Gedanke!

Der Dorfschmied in Winkel besieht sich das Ding mit gerunzelter Stirn. »In drei Stunden haben Sie ein neues«, sagt er dann. Wir gehen zum Flugzeug zurück, die Menschen laufen hinter uns her, als wenn wir Seiltänzer wären.

Ein graues Auto jagt die Landstraße entlang, stoppt. Ein Offizier steigt aus, die Menge, die uns umlagert, macht eine Gasse frei. Der Stabsoffizier der Flieger kommt auf uns zu.

Justinus berichtet. Der Stabsoffizier schüttelt uns beiden die Hände: »Großartig habt ihr das gemacht, Jungens.« Er tritt an das Flugzeug heran. »Und wo ist die Bruchstelle?«

Justinus strahlend: »Wird bereits repariert, Herr Hauptmann!«

Der Stabsoffizier fährt herum: »Wa-as?«

Er ist ganz außer sich. Ein solcher Materialfehler muß dem Prüfungsamt eingereicht werden. Das hätten wir auch wissen müssen!

Wir steigen in sein Auto und fahren zur Dorfschmiede, schweigend und verstimmt. Der Schmied kommt uns schon auf der Schwelle entgegen, Handwerkerstolz auf dem breiten Gesicht. »Hier!« Er hält uns den fertigen neuen Scheckel hin.

»Und wo ist der alte?« Die Frage des Stabsoffiziers klingt ungewöhnlich scharf. Der breite Daumen des Schmiedes deutet rückwärts über die Schulter nach dem Hof. Das Tor steht offen, man sieht einen hochgetürmten Misthaufen, auf dem im Sonnenschein Hühner gackern.

»Na, suchen Sie schon!« fährt mich der Stabsoffizier an. Ich gehe zum Hof, Justinus geht mit mir, er bleibt an meiner Seite.

Der Scheckel ist leicht zu finden, er liegt ganz oben auf dem Mist. Wir spülen ihn unter dem Brunnen ab und bringen ihn dem Hauptmann. Der besieht ihn, schiebt ihn in die Rocktasche. Der Schmied wird bezahlt, wir steigen ein, wir sollen mit nach Mülhausen fahren. Kopfschüttelnd sieht der Schmied uns nach.

Der Stabsoffizier hat sich noch immer nicht beruhigt. »Holzköpfe!« brummt er vor sich hin. Dann gibt er sich einen Ruck und wendet sich zu uns, plötzlich ganz liebenswürdig:

»Sie müssen meine Erregung schon entschuldigen, meine Herren, aber gerade heute sind zwei Kameraden Ihrer Abteilung verunglückt, Leutnant Winter und Vizefeldwebel Preiß. Über dem Hartmannsweilerkopf abgestürzt. Wahrscheinlich wegen desselben Materialfehlers. Beide sind tot!«

Ein Schatten fällt auf unsere Freude.

Eine Woche später wird im Tagesbefehl bekanntgegeben: Leutnant Justinus hat das E.K. I erhalten, Gefreiter Udet das E.K. II. Weil sie dem Vaterland ein Flugzeug gerettet haben.

*

Wieder ist ein Bombenflug angesetzt. Diesmal soll es gegen eine Reihe befestigter Vogesennester gehen. Der Flug kann länger dauern, die Tanks werden bis obenhin gefüllt, außerdem haben wir zwei Maschinengewehre an Bord. Französische Jagdflieger sollen die Gegend unsicher machen. Man spricht sogar von Pégoud.

Schon beim Start merke ich's: die Maschine hebt sich nur mühsam vom Boden wie ein gefreckter Schwan, dessen vollgefressener Leib zu mächtig für seine Schwingen ist. Die Maschinengewehre, die vollen Tanks, die neue Funkanlage, Bomben – das alles zieht nach unten. In einer großen Kurve schraube ich mich hoch. Unter uns der Flugplatz, das stumpfe Grün des Rasens, das matte Grau der Zelte. Wir steigen langsamer als sonst – hundert Meter – zweihundert –

Gerade über den Zelten lege ich die Maschine in eine Kurve. Sie richtet sich nicht wieder auf, sie hängt mit dem linken Flügel. Ich trete nach rechts, umsonst, das Ruder gehorcht nicht mehr. Fahrtverlust! Im nächsten Augenblick stellt sich das Flugzeug kopf und saust in enger Spirale zur Erde.

»Justinus«, denke ich, »um Gottes willen, Justinus ist verloren. Wenn wir aufschlagen, haut der Motor nach hinten und quetscht ihm die Beine ab.« Ich reiße das Höhensteuer an die Brust, trete nach rechts, trete, trete … Vor mir langt ein Arm aus dem Beobachtersitz, greift nach oben zum Spannturm. Mit einem Ruck zieht Justinus seinen Körper aus dem Sitz, hockt oben auf der Rückenlehne. »Udet«, schreit er, »Udet – Uuuu …« ein Gurgeln – ein Krachen – alles schwarz … im Schädel dröhnt eine mächtige Glocke …

Und dann nach langer, langer Zeit eine Stimme: »Lähm Se'n noch, Herr Udet?« Und über mir das dicke Antlitz von Behrend, meinem Monteur, voll väterlicher Sorgenfalten. Dann packen mich vier kräftige Arme und zerren mich aus dem Gewirr von Holz und Stahl heraus. Das Knie hängt fest, es schmerzt furchtbar, sie müssen das Stahlgestänge erst zurückbiegen.

»Wo ist Justinus?«

Behrend deutet auf den Rasen. Da liegt er, auf dem Rücken, das Gesicht nach oben, die Augen geschlossen.

»Tot?« schreie ich.

Behrend beruhigt: »Nä, nä, der hat'n zähes Läbn, der hat schon nach Ihn'n gefragt.«

Sie fassen mich an, zwei und zwei, tragen mich und legen mich behutsam auf den Rasen, dicht neben Justinus.

Eine ganze Weile liege ich regungslos. Über mir der blaßblaue Himmel, unter mir das feuchte, kühle Gras und die feste, lebendige Erde. Langsam drehe ich den Kopf zu Justinus hinüber. Er hält die Augen noch immer geschlossen, über sein Kinn läuft vom Mund her ein dünner Blutfaden. Vielleicht...?

Doch da kommt über den Rasen seine Hand auf mich zu. Wie die Hand eines Kranken sich über die Bettdecke tastet. Vorsichtig strecke ich ihm meine entgegen und spüre seinen Druck, den festen, guten Druck einer Freundeshand. Wir sprechen kein Wort.

»Leutnant Justinus...Justinus, mein Kamerad!«

Hinter uns, am Flugzeug, arbeiten die Monteure. »Na, die ha'm ein Schwein gehabt, daß die Bomben nicht losgegangen sind«, höre ich Behrends Stimme.

Und dann kommen die Sanitäter, heben uns auf Bahren und schieben uns wie Bäckerbrote in das Auto. In Colmar im Lazarett werden wir getrennt.

Justinus, der beim Aufschlag der Maschine weggeschleudert wurde, hat Prellungen und Schürfungen erlitten, mir ist das Knie im Gelenk geplatzt. Ein dicker Beutel hängt da, und ich soll lange fest im Bett bleiben.

Nach zehn Tagen darf ich zum ersten Male aufstehen und durch die Gänge humpeln. In der ganzen Zwischenzeit habe ich keine Post von zu Hause erhalten, und kein Kamerad von der Abteilung hat mich besucht. Es ist, als ob ich für die andern verschollen wäre. Noch vier Tage halte ich das aus. Dann erkläre ich dem Arzt, daß ich zur Truppe zurück muß. Er zieht erstaunt die Brauen hoch, aber schließlich bin ich kein Infanterist, und es ist nicht sein Bein. So gibt er mir den Entlassungsschein für den nächsten Tag.

Der erste, der mir auf dem Flugplatz begegnet, ist ein Kamerad, mit dem ich oft zusammen nach Colmar auf Urlaub gefahren bin, ein Pilot unserer Abteilung. Ich rufe ihn an, er grüßt verlegen und geht hastig weiter. Es kann ein Zufall sein – aber die drei, die vor dem großen Zelt stehen, wenden sich ganz offensichtlich ab.

Endlich treffe ich Behrend. Er kratzt sich vielsagend den Kopf und zieht mich in einen Winkel zwischen den Zelten. Ja, es ist eine verdammte Geschichte! Sowie wir runtergekommen waren, hat sich der Abteilungsleiter ans Telefon gehängt und den Stabsoffizier der Flieger angerufen. Er hat sich furchtbar aufgeregt: der Gefreite Udet sei infolge wahnsinnigen Kurvendrehens abgestürzt, eben jetzt. Er bitte um sofortige Ablösung und strenge Bestrafung. »Allerstrengste Bestrafung!« hat er geschrien, auf der Schreibstube haben's alle mitgehört. Mein Nachfolger ist schon da, und ich kann mir meine Papiere holen, ich bin zum Flugpark Neubreisach zurückversetzt.

Behrend wiegt bedauernd den dicken Kopf. Ich danke ihm, hole auf der Schreibstube meine Papiere und humple in mein Quartier. Am Nachmittag sitze ich auf dem Sofa, das kranke Bein ausgestreckt. Meine Wirtin kniet vor mir am Boden und packt die Koffer nach meinen Angaben. Ihr Gesicht ist dick verschwollen vom Heulen, und von Zeit zu Zeit seufzt sie tief auf. Ich bin ihr immer ein guter Mieter gewesen, und das Insektenpulver habe ich auch nicht vom Mietpreis abgezogen.

Es klopft. Auf der Schwelle steht Justinus. Er kommt auf mich zu, drückt mich, als ich aufstehen will, in den grünen Plüsch zurück.

»Na, laß man, Kleiner«, sagt er freundlich, »das ist nun mal nicht anders. Es geht rauf und runter. Dafür sind wir bei den Fliegern.«

Er klopft mir auf die Schulter und drückt mir eine große Schachtel Zigaretten in die Hand. Dann geht er. Er muß gleich starten zu einem Beobachtungsflug mit meinem Nachfolger.

Ich habe Justinus nicht mehr wiedergesehen. Er ist Siebzehn als Jagdflieger an der Westfront gefallen.

*

Bei Dunkelheit treffe ich auf dem Flugplatz in Neubreisach ein. »Aha, da haben wir ja den Herrn, der die Kurve gedreht hat«, empfängt mich der Feldwebel. Die Schreiber grinsen. Da es schon spät ist, werde ich auf die Kammer geschickt, um mir Bettzeug zu holen. In dieser Nacht kann ich kein Auge zutun.

Am nächsten Morgen treten die Flugschüler draußen im Hof an, ich muß in der Baracke bleiben. Dann kommt einer und holt mich. Der Hauptmann steht vor der Front, sieht mir finster und drohend entgegen. Ich gehe, als wenn meine Beine aus Gummi wären.

»Kehrt!« kommandiert er, als ich sechs Schritt vor ihm siehe. Hundert Augenpaare starren mich voll kalter Neugier an.

»Seht ihn an!« donnert die Stimme hinter mir. »Das ist der Bursche, der durch sein gewissenloses Fliegen dem Vaterland eine neue, wertvolle Maschine zerstörte und das Leben seines Beobachters aufs schwerste gefährdet hat.«

Die Flugschüler blicken auf mich, als wenn ich eben einen Vatermord begangen hätte.

Ein Papier raschelt, der Hauptmann verliest, kühl und geschäftsmäßig:

»Der Gefreite Udet wird mit sieben Tagen Mittelarrest bestraft, weil er durch leichtfertiges Kurvenfliegen das Leben seines Beobachters gefährdet und eine wertvolle Maschine zerstört hat. Nur in Anbetracht seiner bisherigen guten Führung im Felde fällt die Strafe nicht höher aus.«

»Möge euch das allen zur Warnung dienen!« fügt er donnernd hinzu und zu mir: »Wegtreten!«

Auf der Kammer gebe ich das Bettzeug ab und hole mir ein Kommißbrot. Das soll für die sieben Tage reichen. Dann kommt ein Unteroffizier, Karabiner auf Schulter, und holt mich ab.

Der Weg zum Militärgefängnis führt mitten durch das Städtchen. Wir gehen auf der Fahrstraße, ich vorneweg, hinter mir der Unteroffizier. An den Schuhen der Leute auf dem Bürgersteig kann ich erkennen, daß viele stehenbleiben und uns anstarren.

Das Militärgefängnis ist ein alter Festungsbau, düster und grämlich. Der Gefängnisbeamte, ein vollbärtiger Kauz, begleitet seine Arbeit mit munteren Reden:

»Damit du dich nicht erhängen kannst!« sagt er, als er mir die Hosenträger wegnimmt. »Damit du dich nicht erstechen kannst!«, als ich das Taschenmesser abliefern muß.

»Und nun die Zähne!«

»Wieso Zähne?« frage ich.

»Damit du dir nicht im Schlaf die Gurgel abbeißt!« sagt er. Alle lachen, aber mir ist nicht zum Lachen zumute.

Dann werde ich in meine Zelle gesperrt. Es ist ein kleiner, kahler Raum, eine Holzpritsche drin, ein Schemel und ein Waschgeschirr, sonst nichts. Vor den Fenstern ist eine stählerne Luke angebracht wie die Ladeluke eines Dampfers, nach oben offen. Man kann ein kleines Stückchen Himmel sehen wie aus der Tiefe eines Brunnenschachts.

Der Schlüssel dreht sich, ich bin allein. Allein mit meinen Gedanken. Wie lange, weiß ich nicht. Dann dröhnen Schritte über die steinernen Fliesen des Flurs, die Tür wird aufgerissen: die Ronde.

Ich springe auf und stehe stramm.

Der Führer, ein älterer Feldwebelleutnant, sagt: »Sprechen Sie nach: Gefreiter Udet«... seine Stimme hallt mächtig in dem kahlen Raum...

»Gefreiter Udet...« sage ich. Und Wort für Wort dröhnt er mir vor:

»...verbüßt sieben Tage...mittleren Arrest...weil er...durch leichtsinniges Kurvenfliegen... das Leben seines Beobachters...gefährdete...und eine wertvolle Maschine zerstörte.«

Die Ronde marschiert ab. Doch am Abend kommt sie wieder. Und wieder beginnt der Führer: »Gefreiter Udet ... verbüßt ...«

Am nächsten Tag kann ich den Spruch auswendig und bete ihn ohne Aufforderung her. Während meines Arrests muß ich das vierzehnmal tun, denn die Ronde kommt zweimal jeden Tag vorbei.

Das erste Mittagessen lasse ich stehen. Es sind Graupen ohne alles, »blauer Heinrich« in der Gefängnissprache. Der Rotbart nimmt ganz ungerührt den Blechnapf wieder mit.

»Der Appetit kommt mit dem Sitzen«, sagt er trocken, als er hinausgeht. Am Abend wirft er mir eine Matratze in die Zelle. Sie ist mit Heidekraut gefüllt. Der Himmel im Fensterviereck erlischt, ich lege mich nieder. Da, ein Stich im Oberschenkel, gleich darauf an der linken Schulter ... Wanzen!

Es wird eine lange Nacht. Mal schlafe ich auf der blanken Pritsche, mal am Boden auf der Matratze, zuletzt auf den nackten Steinfliesen.

Die Wanzen sind schlimm, aber die Gedanken sind schlimmer. Die eisernen Fensterluken stehen wie große, gespitzte Ohren an den grauen Wänden des Gefängnisses, Schallfänger, die jedes Geräusch verstärkt in die Zelle dröhnen. Der Flugplatz ist ganz dicht dabei. Und von früh an höre ich das knatternde Geräusch, wenn die Motoren anspringen, und das tiefe orgelnde Summen, wenn der Propeller die Lüfte peitscht. Ich aber werde nie wieder einen Knüppel zwischen den Fäusten haben, nie wieder werde ich die Welt unter mir im blauen Dämmer versinken sehen!

Was habe ich denn getan? Eine Kurve gedreht. Gewiß, Kurvendrehen ist verboten. Vor einem Monat erst haben sie Rieger vor ein Kriegsgericht gestellt und zu einem Jahr Festung verurteilt. Weil er über dem Flugplatz Kurven gedreht hat. »Ungehorsam vor versammelter Mannschaft«, hat das Kriegsgericht entschieden. Ich bin glimpflich davongekommen. Aber ist das ganze Verbot nicht ein papierner Unsinn, am Schreibtisch ausgeklügelt von Leuten, die nie am Steuer saßen?

Ich fühle mich zu Unrecht bestraft. Aber – kann ich mich beschweren?

Hat nicht mein eigener Absturz denen recht gegeben, die das Verbot erließen? Fragen, Fragen – und keine Antwort.

Ich denke an meine Eltern. Mein Vater hat's nie gezeigt, aber ich weiß, wie stolz er darauf ist, daß ich Pilot bin. Und jetzt wird man mich als unbrauchbar wegschicken! Aber das Bitterste ist doch, daß ich nun nicht mehr fliegen soll.

Die sieben Tage schleichen dahin wie sieben Jahre.

Am letzten Morgen kommt der Rotbart und bringt mir den Kaffee.

Ich schüttle den Kopf; ich will nicht trinken.

»Ist im Logis mit einbegriffen«, nötigt er.

Aber ich muß zurück zur Truppe, ich muß wissen, was weiter mit mir geschieht. Sicher werde ich auf der Schreibstube antreten müssen: »Gefreiter Udet, der sieben Tage mittleren Arrest verbüßt hat, weil er –«, das wird von nun an wie eine Kette hinter mir her klirren.

Doch es kommt anders.

Im Flugpark läuft alles aufgestört durcheinander, keiner achtet auf mich. Am Morgen ist ein Bombenangriff auf Belfort befohlen worden mit allen verfügbaren Maschinen. Die letzten sind eben abgebraust, alle sind erregt und erfüllt von der Größe des Ereignisses.

»He, Sie – Gefreiter!« schreit jemand hinter mir. Ich drehe mich um. Es ist ein Leutnant, den ich nicht kenne. Er muß wohl erst in den letzten Tagen zum Flugpark gekommen sein.

»Sind Sie Führer?« fragt er atemlos.

Eine Hoffnung zuckt in mir auf: »Jawohl, Herr Leutnant.«

»Na, Mensch« – vorwurfsvoll-erstauntes Kopfschütteln – und dann: »Los, los, rennen Sie schon, daß wir den Anschluß nicht verpassen!«

Wir laufen nebeneinander her zu den Hallen. Eine alte L. V. G. steht dort, wird getankt. Der Leutnant sprüht vor Eifer, hetzt die Monteure durcheinander. Der Vogel wird aus dem Käfig gezogen, startfertig gemacht und kleine Bomben in dem Beobachtersitz verstaut. Wir klettern hinein.

»Fertig?«

»Fertig!«

»Los!«

Ein paar Hopser über den Rasen, dann löst sich der Apparat langsam von der Erde los. Wir fliegen.

Es ist eine ganz alte, zerrupfte Krähe, die sie uns da aufgehängt haben. Ausrangierte Schulmaschine wahrscheinlich. Aber noch nie zuvor habe ich das Wunder des Fliegens so stark und tief empfunden wie in diesen Augenblicken. Unter uns die Berge, von tiefen Schluchten zerschnitten, die mageren Flanken von dunklen Nadelwäldern überzogen oder mit der bunten Schabracke des Herbstlaubes bedeckt.

Es ist ein warmer Spätherbsttag. Der Wind singt leise in den Spanndrähten, vor uns wachsen stille, weiße Wolken in den blauen Himmel.

Der Feind ist durch den Angriff der anderen bereits alarmiert. Von Belfort her kommen uns zwei Farmans und ein Morane-Eindecker entgegen. Ein Kampf wäre aussichtslos. Wir haben kein Maschinengewehr an Bord, und unser alter Vogel krebst nur mühsam auf tausendachthundert Meter.

Der Beobachter wendet sich um, weist nach Süden. Wir biegen ab. Es ist Mittag jetzt, wir fliegen gerade in die Sonne hinein.

Über Montreux wird mein »Franz« unruhig, unten liegen Depots und Kasernen, die letzte Gelegenheit, unsere Bomben günstig anzubringen. Wie ein Raubvogel ziehe ich große Kreise über der Stadt. Mein Beobachter scheint eine eigene Technik des Bombenwerfens zu haben. Er wirft sie nicht über Bord, er öffnet die kleine Luke am Boden seines Sitzes und läßt sie von dort lotrecht nach unten fallen. Der Erfolg gibt ihm recht. Über Bord gebeugt sehe ich, wie unten die Ziegel eines Daches auseinanderspritzen. Eine Rauchwolke steigt auf.

Plötzlich dreht er sich um, deutet mit allen Zeichen des Entsetzens nach unten. Langsam verstehe ich: eine Bombe ist ihm entglitten und im Fahrgestell hängengeblieben. Eine leise Erschütterung genügt, um sie zur Entzündung zu bringen, die Sprengladung reicht aus für uns beide und den Apparat.

Vorsichtig lege ich die Maschine in eine Linkskurve. »Kurvenfliegen verboten!« geht's mir durch den Kopf. Ich wünschte, daß jetzt der Kommandeur unseres Flugparks hier am Steuer säße!

Die Bombe folgt der Bewegung des Flugzeugs, rutscht nach links und bleibt liegen. Ich kurve rechts. Wie auf einer Gardinenstange gleitet die Bombe nach rechts hinüber.

Der Beobachter verschwindet von seinem Sitz. Er hat sich auf den Boden gekniet, das eine Bein durch die Luke geschoben und angelt verzweifelt nach der Achse. Aber sein Bein ist zu kurz, er kann die Bombe nicht erreichen.

Ein letztes Mittel: ich setze zu einem steilen Turn an, dem ersten Turn meines Lebens. Die alte Kiste gehorcht nur schwerfällig, wir stoßen fast senkrecht in den Himmel hinein.

Ein leichtes Klacken, die Bombe hat sich gelöst, sie stürzt nach unten. Ich bringe den Apparat wieder in die Waagerechte und sehe ihr nach. Sie fällt mitten auf einen Acker, die Erdschollen spritzen wie Fontänen empor.

Wir drehen bei und fliegen geradenwegs zum Park zurück. Mein »Franz« angelt noch immer mit dem Fuß in der Luft herum, er macht eine verzweifelte Gebärde. Sein Bein ist in der engen Luke eingeklemmt, und erst nach der Landung kann er sich befreien. Vor dem blauen Höhenrücken taucht der Festungsstern von Neubreisach auf, der Flugplatz.

Die Monteure kommen, auch ein paar Flugschüler sind dabei. Wir sind die letzten, die vom Flug nach Belfort zurückkehren. Wir klettern heraus, mein Beobachter schüttelt mir die Hand: »Es freut mich, Ihre Bekanntschaft gemacht zu haben«, sagt er.

Eine Ordonnanz läuft quer übers Feld auf uns zu, ich soll sofort zur Schreibstube kommen.

Auf der Schreibstube sitzt der Hauptmann, derselbe, der mich vor versammelter Mannschaft so heruntergeputzt hat. Ich reiße die Hacken zusammen und melde: »Gefreiter Udet aus dem Arrest zurück!«

Er sieht mich lange an, dann sagt er: »Sie sind zum Kampfeinsitzer-Kommando nach Habsheim versetzt. Ihre Maschine kommt in zwei Tagen, dann können Sie losfliegen!«

Er greift zu den Akten und blättert darin herum, als wenn ich nicht vorhanden wäre. Ich stehe noch eine Weile regungslos, so sehr hat mich die Nachricht überrascht und erschüttert. Der Hauptmann blickt von seinen Akten auf: »Wegtreten!« Ich gehe hinaus.

Über dem Flugplatz draußen liegt Nachmittagssonnenschein. Es ist gerade die Zeit der Bettruhe, alles ist still und friedlich wie an einem Sonntag. Ich stehe da und hole ein paarmal tief Luft.

Einsitzerflieger? Jagdflieger? Das, was jeder von uns erträumt? Es ist nicht zu fassen, es ist einfach nicht zu fassen...

Die Schreibstubenordonnanz kommt mit zwei Kaffeekannen vorbei. »Na, Herr Jagdflieger«, schmunzelt er und stellt die Kannen hin.

Schreibstubenleute sind allwissend, und wenn sie rauchen, werden sie mitteilsam. Ich halte ihm die offene Zigarettenschachtel hin. Er hat sofort verstanden. Mit einem kleinen schlauen Seitenblick nimmt er drei, zündet sich eine umständlich an und erzählt, heute morgen habe der Stabsoffizier der Flieger aus Mülhausen am gerufen, ob der Gefreite Udet schon aus dem Arrest zurück sei. Man hat mich überall gesucht, und die Monteure haben berichtet, daß ich mit Leutnant Hartmann zum Bombenflug nach Belfort aufgestiegen bin. Das ist nach Mülhausen gemeldet worden. »Direkt aus dem Arrest?« hat der Stabsoffizier gefragt. »Direkt aus dem Arrest«, hat der Hauptmann geantwortet. Dann hat Mülhausen angehängt. Zwei Stunden später ist der Befehl gekommen, der Gefreite Udet wird zum Kampfeinsitzerkommando Habsheim versetzt. »Mehr Glück als Verstand!« hat der Hauptmann gebrummelt, als er den Hörer hinlegte.

Die Ordonnanz greift wieder nach den Kannen. »Na, denn Glück ab, Herr Jagdflieger!« sagt er und trottet davon.

Wenn die Sonne oben aufgeht, wird es in den Tälern warm. Die Flugschüler, die mich zuerst wie einen Aussätzigen betrachtet hatten, kommen jetzt an mich heran: »Einsitzerflieger in Habsheim? Alle Achtung!« Sie wollen wissen, wo ich mein E.K. gekriegt habe. Ich gebe ein bißchen von oben herab Auskunft.

Zwei Tage danach trifft meine Maschine ein, ein nagelneuer Fokker. Wunderbar graziös sieht er aus, schnittig wie ein Falke. Die alte Aviatik-Maschine B, die ich bei 206 flog, wirkt plump wie eine Gans daneben.

Als ich abfliege, steht die Hälfte der Flugschüler um mich herum. »Immer fleißig üben, Jungens!« schreie ich ihnen zu und winke. Die Bremsklötze werden weggerissen, brrrr, brrrr, schnurrpst der Gnom, ich haue ab. Die Maschine dreht nach rechts, ich bin kaum einen Meter über dem Boden. Ich reiße den Knüppel nach links, Ausschlag unmöglich. Mit ganzer Kraft stemme ich mich gegen den Knüppel, es geschieht nichts, gar nichts. Die Flugzeughalle kommt mit rasender Geschwindigkeit auf mich zu, ein Krach...Splitter spritzen um mich her...ich bin gegen die Flugzeughalle gerannt.

Eine Weile sitze ich regungslos, wie gelähmt vor Schrecken. Dann stehe ich auf mit zitternden Knien und klettere aus dem Apparat. Mir ist nichts passiert, aber die Maschine ist in Trümmern.

Über das Feld kommen die Flugschüler gerannt, die Monteure. Alle haben meinen Unfall gesehen, sogar aus den Baracken und aus der Schreibstube kommen sie gelaufen. Sie umstehen mich im Halbkreis, treten an die Maschine heran, betrachten sie neugierig. Ein paar fallen mit Fragen über mich her, ich kann nicht antworten. Ich stehe stumm, alles in mir zittert.

Der Hauptmann kommt, sieht mich an: »Na ja«, sagt er bloß, als wenn er nichts anderes erwartet hätte. Ich stammle etwas: »Knüppel blockiert, Verwindung unmöglich!«

»Werden wir untersuchen lassen«, sagt er und gibt dem Werkmeister einen Wink.

Ich gehe auf meine Stube und setze mich ans Fenster, blicke hinaus, aber sehe nichts von dem, was draußen vorgeht. Ich möchte allein sein. Die anderen fühlen das und lassen mich in Ruhe.

Die vom Bowdenzug blockierte Steuerung, die Ursache des Mißgeschicks mit dem Fokker

Am Abend wird das Ergebnis der Untersuchung bekannt... Der Bowdenzug zum Maschinengewehr hat sich an der Schalttafel der Benzinzufuhr verhängt und so die Steuerung blockiert. Der Werkmeister hat den Führersitz fotografiert. Ich bin gerechtfertigt, ich war unschuldig an dem Unfall. Der Park stellt mir einen anderen Apparat, aber diesmal ist's ein alter Fokker.

Am nächsten Morgen fliege ich ab nach Habsheim. Nur die Monteure sind auf dem Flugplatz, sonst niemand. Es ist ein grauer, nebeliger Morgen.

Erste Kämpfe

Das Kampfeinsitzerkommando Habsheim besteht aus vier Piloten. Führer ist Leutnant Pfälzer, außer mir fliegen noch Vizefeldwebel Weingärtner und Unteroffizier Glinkermann mit. Wir sind alle junge Leute, und wir wohnen wie die Prinzen in der leerstehenden Villa eines reichen Amerikaners, der bei Kriegsbeginn geflüchtet ist.

Kampfeinsitzerkommando Habsheim.
Von links Pfälzer, Weingärtner, Udet, Glinkermann

Es herrscht ein netter, kameradschaftlicher Ton im Kommando. Mit Weingärtner bin ich bald gut Freund. Das ist eine Eigentümlichkeit von Weingärtner, am dritten Tage der Bekanntschaft ist jeder mit ihm befreundet.

Glinkermann ist schwieriger und verschlossener. Er sitzt abends viel mit den Monteuren zusammen, raucht sein Pfeifchen und starrt in den Nebel, der in weißen Ballen von den Wiesengründen aufsteigt. Ich glaube, er ist sehr arm und trägt schwer daran. Viel, viel später, als man mir seine Brieftasche brachte, habe ich darin ein Bild gesehen von einem Mädchen, das in einer Kavalkade lachender Reiter dahinsprengte. Er hat nie davon gesprochen.

Manche spötteln über ihn, wenn er daherkommt mit seinen immer verrutschten Wickelgamaschen, aus denen ewig ein Stück weißer Unterhose hervorschaut. Aber er ist ein guter Flieger, einer der besten, die ich je gekannt habe.

Der Dienst ist leicht und bequem. Ein-bis zweimal am Tage steigen wir auf und fliegen eine Stunde Sperre. Aber einen Feind bekommen wir selten zu Gesicht. Der Dezemberhimmel ist kalt unklar; die Erde klirrt vor Frost, und wenn man sich gut einpackt und das Gesicht gehörig buttert, ist die Fliegerei ein Vergnügen, fast wie eine Schlittenfahrt auf den Wolken.

Oben, in Flandern und in der Champagne, wo gekämpft wird und wo täglich Piloten fallen hüben und drüben, spricht man vom schlafenden Heer in den Vogesen. Man spricht's mit ein bißchen Verachtung und ein klein wenig Neid.

Eines Morgens werde ich schon früh alarmiert. Das ist ganz ungewöhnlich. Die B.A.K. meldet von vorn, daß ein Caudron unsere Linien passiert hat, er soll sich in Richtung auf unseren Flugplatz zu bewegen.

Ich klettere in meine Kiste und starte. Verhängter Himmel, die Wolken streichen tief, kaum vierhundert Meter hoch. Ich stoße in den grauen Dunst hinein, schraube mich höher und höher.

In zweitausend Meter wölbt sich ein tiefer, stahlblauer Himmel über mir, von dem seltsam blaß die Dezembersonne herunterstrahlt.

Ich sehe um mich. Ganz hinten im Westen über der Wolkendecke ein Punkt wie ein fahrendes Schiff am Horizont des Meeres: der Caudron. Ich halte geraden Kurs auf ihn zu, er fliegt mir entgegen. Wir nähern uns rasch, schon kann ich die breit gespannten Flügel erkennen, die beiden Motoren und die Gondel, die schmal wie der Leib eines Raubvogels zwischen den Schwingen hängt. Wir liegen in gleicher Höhe, wir fliegen aufeinander zu.

Das ist gegen alle Spielregel, denn der Caudron ist ein Beobachtungsflugzeug, ich aber bin Jagdflieger. Ein Druck auf den Knopf am Knüppel, und mein festeingebautes Maschinengewehr würde eine Schußserie herausjagen, die ihn in der Luft zerreißt. Er muß das wissen, so gut wie ich, aber trotzdem fliegt er weiter, gerade auf mich zu.

Jetzt ist er so nah, daß ich den Kopf des Beobachters erkennen kann. Mit seiner viereckigen Brille sieht er aus wie ein riesiges, bösartiges Insekt, das auf mich zustößt, um mich zu töten.

Der Augenblick ist da, wo ich schießen muß. Aber ich kann nicht schießen. Es ist, als habe das Entsetzen mein Blut in den Adern zu Eis erstarren lassen, meine Arme gelähmt und alles Denken mit einem Tatzenhieb aus dem Hirn gerissen. Ich sitze da, ich fliege weiter geradeaus und starre wie gebannt nach links hinüber zu dem Caudron. Da bellt drüben das Maschinengewehr auf. Metallisches Klacken der Einschläge in meinen Fokker, ein Zittern läuft durch den ganzen Apparat, ein wuchtiger Schlag gegen die Backe, die Brille wird mir heruntergerissen. Mechanisch greife ich nach oben, Splitter, Glassplitter von der Brille, und meine Hand wird naß von Blut.

Ich drücke den Steuerknüppel, nehme die Nase nach unten und tauche in die Wolken ein. Mein Kopf ist benommen. Wie kam das, wie war das nur möglich?

»Laurig gewesen, feige gewesen!« hämmert der Motor. Und dann mein einziger Gedanke: »Gott sei Dank, daß niemand zusah!«

Das flutende Grün der Kiefernwipfel, der Flugplatz.

Ich lande. Die Monteure kommen gelaufen, ich warte ihre Hilfe nicht ab, ich klettere allein heraus aus der Maschine und gehe an ihnen vorbei auf die Revierstube.

Der Sanitäter entfernt mit einer Pinzette die Glassplitter der Brille, sie haben sich rings ums Auge ins Fleisch gebohrt. Es müßte eigentlich weh tun, aber ich spüre nichts.

Dann gehe ich hinauf in mein Zimmer. Oben werfe ich mich auf mein Bett. Ich will schlafen, aber die Gedanken kommen immer wieder und geben keine Ruhe.

»Ist man feige, wenn man einmal im ersten Schreck versagt? Ich möchte mich trösten, ich sage mir: eine Nervensache – das kann jedem passieren! Das nächste Mal machst du's besser!

Aber mein Gewissen gibt sich mit einer so billigen Erklärung nicht zufrieden. Es stellt die harte Tatsache vor mich hin: du hast versagt, weil du im Moment des Kampfes an dich gedacht und für dein Leben gezittert hast. In diesem Augenblick geht mir der Sinn des Soldatentums auf.

Soldat sein heißt an den Feind denken und an den Sieg und sich selbst darüber vergessen! Möglich, daß die Grenzscheide zwischen dem Mann und dem Feigling schmal ist wie die Schärfe eines Schwertes. Wer aber ein Mann unter Männern bleiben will, der muß im Augenblick der Entscheidung die Kraft haben, die Angst des Tieres in sich abzuwürgen. Denn das Tier in uns will leben um jeden Preis. Und wer ihm nachgibt, ist verloren für die Gemeinschaft der Männer, wo Ehre, Pflicht und der Glaube an das Vaterland gelten.

Ich trete ans Fenster und sehe hinunter. Unten vor dem Hause geht Weingärtner mit Glinkermann auf und ab. Vielleicht haben sie's nie so empfinden müssen wie ich jetzt. Und ich gelobe mir: von dieser Stunde ab will ich nichts sein als Soldat, ich will besser schießen und besser fliegen als meine Kameraden, bis ich den Flecken wieder getilgt habe.

Die »Scheibe«, das Nieuportmodell für meine Schießübungen aus der Luft

Zusammen mit Behrend, der mir nach Habsheim gefolgt ist, mache ich mich an die Arbeit. Wir fertigen die Silhouette eines Nieuport an, von hinten gesehen, so wie man ihn beim Angriff erblickt. Abends, wenn der Flugbetrieb zu Ende ist, stelle ich die Scheibe mitten auf dem Platz auf. Aus dreihundert Meter Höhe stoße ich im steilen Sturzflug herunter, auf hundert Meter eröffne ich das Feuer. Erst kurz vor der Erde fange ich den Apparat ab, steige wieder, und das Spiel beginnt von neuem. Behrend muß die Treffer zählen und mir signalisieren. Schüsse im Motor zählen doppelt, und zehn Treffer ergeben ein Glas Bier für ihn. Es treten oft Ladehemmungen ein, allzu oft. Behrend und ich arbeiten an der Beseitigung der Störungen manchmal bis spät in die Nacht.

Dann bessern sich die Ergebnisse, sie bessern sich sogar überraschend schnell. Ich bin sehr froh, bis ich entdecke, daß Behrend mit dem Bleistift nachhilft. Aus Kameradschaft für mich, sagt er, aber ich glaube, es ist die Liebe zum Bier.

Albatros D III
Monteure Behrend und Gunkelmann

Eine Verfügung kommt, es soll mit Munition gespart werden. Ich muß meine Übungsflüge einschränken. Dafür machen wir jetzt öfters Angriffe auf französische Gräben aus der Luft heraus.

Eines Abends habe ich mich auf einem solchen Grabenflug verspätet. Es war im Norden, dicht bei Thann, und die Maschinengewehrnester, in Kiefernschonungen eingebettet, boten ein lockendes Ziel.

Als ich zum Flugplatz zurückkomme, ist Nacht. Man hat Pechfackeln angezündet, um mir heimzuleuchten. Ihr rötlicher Schein flackert über den Platz, ein diffuses, unruhiges Licht.

Ich setze zur Landung an. Das Gelände ist schwer zu übersehen. Ich mache Bruch. Nur leichten Bruch zwar, am Fahrgestell, aber er wird meine Maschine für mindestens einen Tag außer Gefecht setzen.

Ich bestelle Behrend und den anderen Mechaniker am nächsten Morgen um einhalb fünf auf den Flugplatz. Behrend zieht ein Gesicht. Der nächste Tag ist ein Sonntag, und wenn er Sonntags arbeiten soll, wird Behrend immer fromm.

Bleigrau liegt das Morgenlicht über dem Flugplatz, als wir mit der Arbeit anfangen. Der Wald steht wie eine schwarze, geschlossene Masse dunkel und drohend um uns herum, die nackten Holzwände der kleinen Flugzeugschuppen schimmern bleich. Eine seltsame Stimmung, man hat das Gefühl, daß etwas Ungewöhnliches in der Luft liegt. Ich weiß nicht, wird's Glück oder Unglück sein ––

Um sechs beginnen die Kirchenglocken in den umliegenden Dörfern zu läuten, über die Wipfel weg schwebt der Klang zu uns her. Wir arbeiten schweigend. Die Sonne ist heraufgekommen. Es ist warm in der Halle, und wir schwitzen selbst in unseren dünnen, blauen Monteurjacken. Mittags um zwölf sind wir fertig. Behrend und sein Kamerad verabschieden sich schnell, sie wollen den Zug nach Mülhausen noch erreichen.

Es ist jetzt ganz still, alle sind auf Urlaub drüben in der Stadt.

Ich fahre in unser Quartier, esse Mittag, ich bin allein am Tisch. Den Kaffee lasse ich mir in den Garten bringen. Dort sitze ich in einem Feldstuhl, rauche und starre in den Himmel.

Um halb vier kommt der Telefonist gelaufen. Eine Meldung vom Fliegerbeobachter aus dem vordersten Graben: zwei französische Flugzeuge haben die Linien passiert und nähern sich rasch Altkirch. Ich springe in den Wagen und jage zum Flugplatz hinüber. Es ist keine verstandesmäßige Überlegung, aber ich wittre es mit untrüglicher Gewißheit: der Kampf ist da!

Die Maschine ist startbereit, Monteure stehen herum, der Telefonist war klug genug, alles, was auf dem Flugplatz Beine hat, zu alarmieren. Ich klettre in den Sitz und starte.

In Richtung Front schraube ich mich hoch, ich muß versuchen, eine überlegene Höhe zu erreichen, damit ich beim Kampf im Vorteil bin. Zweitausendachthundert Meter... ich fliege nach Westen auf Altkirch zu.

Gerade als ich über Altkirch bin, sehe ich sie. Ich zähle, eins... zwei... drei... vier... ich greife nach der Brille... das ist nicht möglich, das kann nicht sein! Die schwarzen Punkte werden Ölspritzer sein, Ölspritzer vom Motor. Hastig wische ich mit dem Handschuh über die Gläser, aber nein, die Punkte bleiben da, wachsen, werden größer.

Sieben zähle ich, sieben in einer Reihe, und dahinter taucht eine neue Welle auf, nochmal fünf und nochmal... Sie kommen näher, ganz scharf heben sie sich vom gelbseidnen Flor des Nachmittagshimmels ab, zweiundzwanzig sind's, Bomber vom Caudron-Typ und Farmans. Wie ein bösartiger Hornissenschwarm brausen sie heran, hintereinander, nebeneinander, wie's gerade kommt, noch ohne jede Formation. Hoch über den anderen die Königin des Schwarms, ein mächtiger Voisin! Ich ziehe das Höhensteuer, wir nähern uns mit rasender Geschwindigkeit. Sicher haben sie mich bemerkt, doch sie tun, als ob ich nicht da wäre, sie steigen keinen Zentimeter, sie halten ihren Kurs ostnordost auf Mülhausen zu.

Ich sehe mich um, die blaue Himmelsschale hinter mir ist leer. Kein Kamerad ist von Habsheim aufgestiegen, ich bin allein.

Bei Burnhaupt habe ich sie erreicht. Ich drehe eine Kurve dreihundert Meter über ihnen, schwenke in ihre Richtung ein, Kurs ostnordost auf Mülhausen zu.

Ich beuge mich über Bord, unter mir das Geschwader, dreiundzwanzig Maschinen, in ihrer Mitte ein riesiger Farman. Zwischen ihren Tragflächen hindurch sehe ich Fetzen von der Erde, blaue Schieferdächer, rote Ziegel. Der Augenblick ist da!

Das Herz schlägt mir im Halse, die Hände, die den Steuerknüppel umklammern, werden feucht. Einer gegen dreiundzwanzig!

Mein Fokker fliegt über dem Geschwader dahin, wie ein Jagdhund einem Keiler folgt. Er verfolgt ihn – aber er greift nicht an. Im gleichen Augenblick weiß ich: wenn diese Sekunde ohne Kampf vorübergeht, dann ist's aus für immer mit dem Jagdfliegen, dann gibt's nur noch das Gesuch um Ablösung vom Kommando.

Wir sind über Dornbach dicht vor Mülhausen. In den Kaffeegärten der Dorfgasthäuser sitzen Menschen, bunte Flecke im Grünbraun der Landschaft, weiße runde Scheiben, die Gesichter nach oben gewendet. Sie rennen durcheinander, gestikulieren, deuten hinauf.

Da habe ich die Hürde übersprungen!

Von dieser Sekunde an sehe ich nur noch eins: den großen Farman mitten im feindlichen Geschwader. Ich drücke, nehme Fahrt auf und sause mit vollaufendem Motor nach unten. Der andere wächst auf mich zu, wird größer, so, als ob einer hastig ein Mikroskop einstellt. Der Beobachter richtet sich auf, ich sehe seinen runden ledernen Sturzhelm, er reißt das Maschinengewehr hoch, richtet es auf mich. Auf achtzig Meter will ich schießen. Aber ich muß ganz sicher gehen. Ran, näher ran, fünfzig Meter, vierzig Meter, dreißig... So, nun raus, was aus dem Lauf geht... tack, tack, tack.

Da, er schwankt! Eine blaue Stichflamme springt aus dem Auspuffrohr, er kippt, eine weiße Rauchfahne quillt auf – getroffen, den Benzintank getroffen!

Klack, klack, klack! Mit metallischem Klirren schlagen die Einschüsse neben mir in die Stirnwand. Ich reiße den Kopf herum, hinter mir zwei Caudrons, die mich mit Schußgarben überschütten. Ich bin vollkommen ruhig, das geht wie auf dem Flugplatz: Knüppel nach vorn und im Sturzflug nach unten weg. Dreihundert Meter tiefer fange ich mich.

An mir vorbei saust wie eine riesige vom Himmel geschleuderte Fackel der Rumpf des Farman in die Tiefe. Eine schwarze Rauchwolke zieht hinter ihm her, aus der grelle Flammen blitzen. Ein Mann mit ausgebreiteten Armen und Beinen wie ein Frosch stürzt vorüber, der Beobachter.

Im Augenblick habe ich nicht das Gefühl, daß das Menschen sind, ich fühle nur eins: Sieg, Triumph, Sieg! Der eiserne Ring um die Brust ist gesprengt, und das Blut jagt in freien, mächtigen Stößen durch den Körper.

Die Luft über mir ist jetzt erfüllt vom donnernden Orgelsang der Motoren, dazwischen hastiges Aufbellen der M.G.s. Von Habsheim sind alle verfügbaren Maschinen aufgestiegen und haben sich dem Feind entgegengeworfen. Unter der Wucht ihres Anpralls hat sich das französische Geschwader aufgelöst, eine Reihe von Einzelkämpfen entwickelt sich. Wo man hinblickt, sieht man Maschinen, die sich im tollen Wirbel des Kurvenkampfes umeinander, drehen.

Ein einzelner Caudron, der eilig nach Westen strebt. Von niemand verfolgt. Ich jage mit Vollgas hinter ihm her. Das Rauschgefühl des ersten Kampfes ist vorbei. Ich sehe klar und nüchtern, die Vernichtung des Gegners ist eine taktische Aufgabe, nichts anderes.

Auf hundertfünfzig Meter Entfernung eröffne ich das Feuer, stoppe sofort, zu weit, viel zu weit. Auf achtzig Meter Distanz jage ich die zweite Schußserie heraus. Diesmal kann ich deutlich die Wirkung beobachten. Ein Zittern läuft durch den Caudron, der rechte Motor stößt eine kleine Qualmwolke von sich, der Flügel schlag des Propellers wird matter, er steht.

Der Flugzeugführer steht sich um, bemerkt mich. Im nächsten Augenblick drückt er im steilen Sturzflug nach unten weg.

Ich bleibe hinter ihm, er fliegt nur noch mit einem Motor, er kann mir nicht entkommen. Jetzt bin ich so dicht heran, daß ich die Böen seines Propellerwinds spüre.

Neue Garbe – der Führer vor mir zuckt zusammen, sackt vornüber auf den Steuerknüppel.

Da – Ladehemmung! Durch den steilen Sturzflug haben sich die Patronen in den Gurten gelockert. Ich hämmere mit beiden Fäusten auf das M.G. Vergebens, es bleibt stumm!

Ich bin kampfunfähig geworden, ich muß vom Gegner ablassen und nach Hause zurückkehren. Um fünf Uhr fünfundzwanzig lande ich auf dem Habsheimer Flugplatz, um vier Uhr sechzehn bin ich aufgestiegen. In einer Stunde hat sich alles abgespielt.

Mitten auf dem Rollfeld steht Hauptmann Mackenthun, der Kommandeur von Habsheim. Er steht breitbeinig da, das Fernglas am Auge, und verfolgt die Luftkämpfe. Ich gehe auf ihn zu: »Vizefeldwebel Udet vom Feindflug zurück. Zweisitzigen Farman abgeschossen!« Er setzt das Glas ab und sieht mich an. Sein Gesicht zeigt keine Bewegung, es ist wie versteint. »Unser Großflugzeug ist eben über der Napoleonsinsel abgestürzt«, sagt er.

Die Napoleonsinsel im Rhein-Rhone-Kanal bei Mülhausen

Ich weiß: Leutnant Kurth war der Führer, und Leutnant Kurth war Mackenthuns bester Freund. Ich grüße und gehe in die Hallen.

Am Abend erst können wir das Ergebnis des Tages überblicken. Der französische Luftangriff, der erste große Luftangriff der Weltgeschichte, ist abgeschlagen. Fünf feindliche Flugzeuge sind diesseits unserer Linien abgeschossen. Von den neun Offizieren einer Abteilung, die am Mittag aufgestiegen waren, kehren am Abend nur drei zurück. » Tu finiras aussi à l'île Napoleon!« wird zum geflügelten Wort in der Fliegerei drüben, wenn einer ein tollkühnes Wagnis unternehmen will.

Von uns kommen drei Leute nicht mehr wieder, Kurth, Hopffgarten und Wallat, die Besatzung des AEG-Großflugzeugs von Abteilung 48. Sie haben einen Farman angegriffen, sind im Kurvenkampf vom Gegner gerammt worden und als ein Knäuel von Trümmern gemeinsam mit ihm in die Tiefe gestürzt. Gerade über der Napoleons-Insel. Es war am 18. März 1916.

In unserer Habsheimer Villa bleiben die Fenster bis tief in die Nacht hinein hell. Es hat Tote gegeben an diesem Tag, gewiß, aber wir sind diesmal nicht dabeigewesen. Pfälzer, Weingärtner, Clinkermann und ich, jeder hat einen Gegner abgeschossen.

Wir sind jung, und wir feiern unseren Sieg.

Von Deutschen angelegtes Franzosen-Grabmal nach der Luftschlacht vom 18. März 1916

Der Tod fliegt schneller

Am Mittag ist der Befehl gekommen: Ganze Staffel abrücken! Schon am Abend liegen wir abmarschbereit auf dem Bahnhof in Mülhausen. Der Bahnsteig ist voller Menschen. Im bleichen Licht der Lampen, die gegen Fliegersicht gedämpft sind, sehen sie gespenstisch blaß aus. Viele Frauen sind darunter, und fast alle weinen. Zwei Jahre haben wir vor den Toren von Mülhausen gelegen. Jede freie Minute waren wir dort. Zuletzt gehörten wir dazu, als ob wir Söhne der Stadt geworden wären.

Ich bin mit Esser in demselben Abteil. Seine Braut ist zum Abschied von Freiburg herübergekommen, ein schönes Mädchen mit einem stolzen, verschlossenen Gesicht. Sie weint nicht. Sie unterhalten sich zum Wagenfenster hinaus. »Gib auf deine Handschuhe acht und auf deine Wäsche«, sagt sie. Ihre Mundwinkel flattern dabei. Man sieht ihr an, daß sie ganz etwas andres sagen möchte.

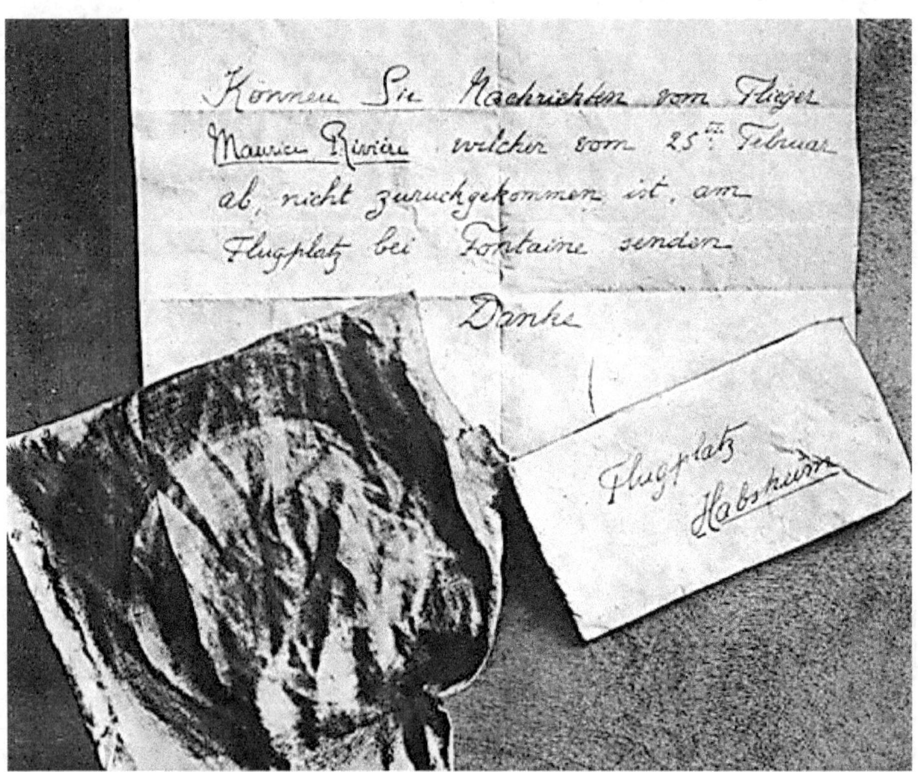

Der Feind erkundigt sich durch Fliegerabwurf

Dann rollt der Zug hinaus in die Nacht. Das Ziel der Fahrt ist unbekannt. Wir ahnen nur, daß es jetzt mit dem ruhigen Leben vorbei sein wird, daß wir an irgendeinem Brennpunkt des Kampfes eingesetzt werden. Dies Gefühl erfüllt uns mit einer gespannten Erregung, der eine leise Sorge beigemischt ist. Werden wir den Anforderungen des großen Luftkampfes gewachsen sein?

Drei Tage und drei Nächte werden wir hinter der Front hin und her geschoben. Wie auf einem ungeheuren Rangierbahnhof. Munitionszüge rollen an uns vorbei, Lazarettzüge mit unsichtbarem Elend hinter weiß bemalten Scheiben.

»Der stille Beobachter.« Um den Feind zu täuschen, ist auf meinem Fokker ein Blechkopf
montiert

Am Abend des dritten Tages werden wir ausgeladen. Wir sehen uns um und sehen uns an.
»Lause-Champagne!« knurrt unser Führer.

Ein dünner, kalter Strichregen geht herunter, er hüllt die weite Ebene in graue Trostlosigkeit.
Ein paar magere Pappeln längs der Landstraße frieren im Märzwind.

Wir werden in dem kleinen Dorf La Selve einquartiert. Esser und ich bleiben zusammen.
Unsere Stube ist von einer entsetzlichen Dürftigkeit. Aber Esser schafft Rat. Zusammen mit
seinem Burschen bringt er aus einem verlassenen Schloß rotsamtne Vorhänge angeschleppt, mit
denen die Wände beschlagen werden. Aus einem rohseidenen Schlafanzug wird ein Lampen-
schirm. Dadurch bekommt unser Zimmer eine etwas schwüle Behaglichkeit.

Uns gegenüber liegt die Elite der französischen Fliegerei. Sogar Nungesser soll dabei sein
und Guynemer, das » as des as«, der Richthofen des Feindes. Sie fliegen den einsitzigen Spad
mit dem Hunderachtzig- PS-Hispano, eine schnelle, sehr wendige Maschine, die unseren Haifi-
schen und Albatrossen überlegen ist, vor allem bei steilen Sturzflügen. Dann fangen bei uns die
Tragflächen an zu beben, daß wir befürchten müssen, sie montieren in der Luft ab. Der stabilere
Spad aber hält diese Belastung mühelos aus. Auch die Erdabwehr ist ganz anders durchgebildet
als unten in den Vogesen. Gleich beim ersten Frontflug merke ich das. Ein Flak zerschmettert
mir den Stirnholm, und ich habe Mühe, den Apparat nach Hause zu bringen.

Fast alle Luftkämpfe verlaufen ergebnislos, und unsere Stimmung wird von Tag zu Tag ge-
drückter. Abends sitzen Esser und ich auf unserer Bude. Sein findiger Bursche hat irgendein
altes Grammophon aufgetrieben, dem wir einen Stoffkloß in den Hals schieben, um seine Stimme zu dämpfen. Es klingt jetzt so schwermütig wie der Gesang eines Bauernmädchens am Sonn-
tagnachmittag auf dem Hinterhof eines Stadthauses.

Esser sitzt da und schreibt an seine Braut. Er schreibt jeden Tag und entwirft Zukunftspläne.

Am 16. April hat unsere Staffel den ersten Erfolg. Glinkermann holt einen Caudron herunter, Esser einen Nieuport. Die anderen haben Esser dann noch beobachtet, wie er ein feindliches Flugzeug verfolgte und nach Westen verschwand. An diesem Tage hören wir nichts mehr von ihm, und ich bleibe die Nacht allein in der Stube mit den rotsamtnen Vorhängen.

Am nächsten Mittag wird antelefoniert vom ersten Graben. Unser Abteilungsführer fährt hin, gegen Abend kehrt er zurück. Im Innern des Wagens ein Sack, so klein, als wenn ein totes Kind drin läge. Das ist alles, was von Esser übrigbleibt.

Der Abteilungsführer schreibt an die Eltern, ich soll an die Braut nach Freiburg schreiben. Es ist ein schwerer Brief, der schwerste, den ich je geschrieben habe – aber ich muß noch viele solche Briefe schreiben.

Am Morgen nach Essers Überführung kommt Puz auf mich zu. Sein rundes, stupsnasiges Kindergesicht ist voll Mitgefühl.

»Weißt du, Knägges«, sagt er zu mir, »das muß schrecklich sein, so allein in der Bude mit dem leeren Bett. Wenn du willst, ziehe ich zu dir.«

Wir schütteln uns die Hand, und am Abend nimmt der Bursche die schmale weiße Besuchskarte an der Tür ab. »Leutnant Hänisch« steht jetzt da, wo früher »Leutnant Esser« stand.

Jagdstaffel 15: Reinhold, Hänisch (Puz), Esser

Am 24. April glückt mir der erste Sieg an dieser Front. Über Chavignon begegne ich einem Nieuport, schieße ihn nach kurzem Kurvenkampf in Brand und sehe seine Trümmer im Trichterfeld zerschellen. Es ist mein fünfter anerkannter Luftsieg, denn nach dem ersten Kampf über Mülhausen habe ich von Habsheim aus noch drei heruntergeholt.

Zwei Tage später, am sechsundzwanzigsten, ist mein Geburtstag. Ich habe alle Kameraden zu mir eingeladen in den roten Salon. Mit Behrends Hilfe sind drei Napfkuchen gebacken worden, Kakao ist da, und eine große, weißgedeckte Tafel steht im Raum wie zu einer Kindergesellschaft.

Wir sitzen plaudernd herum und warten auf unseren Staffelführer Oberleutnant Reinhold. Um zwei Uhr ist er zu einem Sperrflug aufgestiegen. Mit zwei anderen zusammen. Um drei kehren die beiden anderen zurück, sie haben ihn während eines Luftkampfes aus den Augen verloren. Er ist hinter einem fliehenden Gegner in die Wolkengischt getaucht.

Mit französischem Sturzhelm. Bequem war er nicht, praktisch auch nicht…aber selbst erbeutet!

Die beiden sind verlegen. Gewiß, ihre Darstellung kann richtig sein, aber ein Schatten bleibt. Denn eine Formation in der Luft gehört zusammen wie Hand und Arm, Kopf und Körper. Jeder ist für das Leben seines Vordermannes verantwortlich, als wenn es das eigene wäre. Das geschieht, damit der Führer an der Spitze des Keils den Rücken frei hat und nur an den Angriff denken kann. Um halb vier sage ich: »Also, Kinder, los, langt schon zu! Wenn er später kommt, muß er eben nachessen.«

Sie greifen zu und hauen ein. Aber obwohl sie Hunger haben und der Kuchen wunderbar schmeckt, lassen sie von jedem zwei Stück übrig.

Reinhold ist mitten unter uns. Keiner spricht von ihm, aber die Gedanken gehen immer wieder zu ihm hin. Man merkt's daran, daß Gespräche anfangen und gleich wieder verlöschen, ganz ohne Sinn und Ziel.

Um fünf Uhr quäkt das Feldtelefon. Glinkermann, der zunächst sitzt, nimmt den Hörer ab und winkt mir mit den Augen. Aber die anderen haben's doch gesehen, es wird totenstill im Zimmer.

Am anderen Ende des Drahtes eine langweilige Stimme: »Wird bei Ihnen ein Flieger vermißt?«

»Ja, jawohl«, sage ich hastig.

Drüben lange Stille. Dann ein tuschelndes Zwiegespräch...ab und an fange ich Wortfetzen auf...»Wie sah er aus, du Ochse?« Die langweilige Stimme kommt wieder. »Hatte der Flieger keine Fliegermütze auf dem Kopf?«

Ich erinnere mich, Reinhold setzte immer nur eine einfache Soldatenmütze auf, zog den Ohrenschützer darüber.

»Jawohl!« schreie ich. »Ist Oberleutnant Reinhold dort?«

»Wir haben keine Papiere gefunden«, und leise: »Wie war doch die Regimentsnummer, Otto?« Dann lauter zu mir: »Hundertfünfunddreißig stand auf den Achselstücken.«

»Tot?«

»Jawoll!«

»Wo sind Sie? Wir kommen sofort!«

»Bei Lierval. Den Apparat können Sie schon von weitem sehen.«

Ich hänge ab, sehe die anderen an. Alle sind blaß und ernst. »Los!« sage ich. Wir laufen zum Auto und rasen über die zerschossene Landstraße nach Lierval hinüber.

Reinholds Maschine liegt mitten auf freiem Feld. Sie ist fast unbeschädigt. Sie sieht aus, als ob sie in der nächsten Sekunde wieder starten könnte.

Wir laufen über grüne Saat zum Flugzeug hin. Die Infanteristen berichten: Reinhold saß am Steuerknüppel, die rechte Hand am Maschinengewehrknopf. Sein Gesicht war in der Anspannung des letzten Kampfes stehengeblieben, das linke Auge eingekniffen, das rechte weit geöffnet, als zielte er noch auf seinen unsichtbaren Gegner.

Glinkermann kurz vor dem letzten Start

So hat ihn der Tod überrascht. Eine Kugel hat ihm von hinten her den Kopf durchbohrt, vorn zwischen den Brauen ist sie wieder herausgetreten. Einschuß- und Ausschußöffnung sind ganz klein.

Wir heben den Toten auf und nehmen ihn mit uns. »So möchte ich auch sterben!« sagt Glinkermann zu mir.

*

Wenige Tage später trifft der neue Staffelführer bei uns ein – Leutnant Gontermann. Ein großer Ruf geht ihm voraus. Er hat zwölf Flugzeuge und sechs Fesselballons abgeschossen. Er gilt als der erste Spezialist für »Fesselschweine«, den wir in der Armee haben.

Seine Taktik ist für uns neu und völlig überraschend. Ehe er zum Schuß kommt, ringt er den Gegner fliegerisch nieder. Wenn er dann wirklich schießt, braucht's höchstens ein Dutzend Schüsse, um den anderen in der Luft zu zerreißen. Denn immer ist er dann bis auf zwanzig Meter heran, fliegt im Propellerwind der feindlichen Maschine.

Eine große Ruhe strömt von ihm aus, sein breitflächiges Bauerngesicht zeigt fast nie die geringste Erregung. Er ist im tiefsten Innern gläubig. Nur eins wundert mich bei ihm. Jeder Treffer, den er nach der Landung in seinem eigenen Apparat feststellt, ärgert ihn. Er sieht darin den Beweis eines fliegerischen Mangels. Nach seinem System darf bei einem richtig geführten Luftkampf der Gegner niemals zu Schuß kommen. In dieser Hinsicht ist er ganz anders als Richthofen. Der rote Baron quittiert die Meldung der Mechaniker über feindliche Treffer in seiner Kiste mit lächelndem Achselzucken. Fast gleichzeitig mit Gontermanns Ankunft wird die Staffel von La Selve zurückverlegt nach Boncourt. Das ist ein altes französisches Schloß mitten in einem Park und mit großen, weitläufigen Räumen.

Der Besitzer, ein älterer Landedelmann, wohnt noch dort mit Frau und zwei Töchtern. Sie haben sich in die Hinterzimmer zurückgezogen und uns die Prunkgemächer vorn überlassen. Wahrscheinlich hassen sie uns. Aber sie benehmen sich durchaus korrekt. Wenn wir einem von ihnen auf dem Flur oder im Park begegnen, grüßen sie voll eiskalter Höflichkeit.

Eines Tages wird das anders. Mittags bei Tisch erzählt uns Gontermann: Er hat den Schloßherrn auf dem Flur getroffen. Der alte Mann weinte. Seine Töchter müssen jeden Tag ins Dorf hinunter zur Feldarbeit. Der Ortskommandant, ein Gefreiter, quält und schikaniert sie, wo er kann. Der jüngeren, einem mageren Backfisch von fünfzehn Jahren, soll er nachstellen. Gontermann hat Untersuchung versprochen.

Sein Gesicht ist rot vor Zorn, als er's erzählt.

Am Nachmittag kommt der Gefreite angetrabt, hoch zu Roß auf einer dicken Bauernstute. Wir haben uns die Kaffeetafel unter den Bäumen im Park decken lassen. Die Fenster von Gontermanns Zimmer sind offen, so können wir jedes Wort verstehen.

»Es ist Klage über Sie geführt worden«, beginnt Gontermann die Unterhaltung. Er spricht vollkommen ruhig, nur etwas lauter als sonst. »Sie sollen die Frauen zu lange und zu schwer arbeiten lassen.«

»Das ist mein gutes Recht, Herr Leutnant!« Der Ton des Gefreiten ist herausfordernd selbstbewußt.

»Wieso?«

»Wenn die Weiber frech und widersetzlich sind, müssen sie bestraft werden.«

Gontermanns Stimme wird lauter. »Sie sollen sich außerdem gegen mehrere Frauen unanständig benommen haben.«

Eine lange Pause, dann wieder Gontermanns Stimme: »Zum Beispiel gegen die kleine Komteß hier vom Schloß.«

»Darüber bin ich Herrn Leutnant keine Rechenschaft schuldig. Ich bin hier Ortskommandant...«

Im nächsten Augenblick zucken wir zusammen, so brüllt Gontermann auf.

»Was sind Sie? Ein dreckiges Schwein sind Sie! Ein Viechskerl! Ein Bursche, den man sofort an die Wand stellen sollte! Wir kämpfen mit ehrlichen Waffen gegen einen ehrlichen Gegner, und solch ein Lump verdreckt unsere gute Sache!«

Es ist wie eine mittelalterliche Exekution. Fünf Minuten lang prügelt Gontermann ununterbrochen auf den anderen ein, er prügelt mit Worten, aber die Strafe wird nicht gelinder dadurch.

»Ich lasse Sie vor ein Kriegsgericht stellen!« schreit er am Schluß, und dann: »Raus!«

Der Gefreite läuft an uns vorüber. Sein Gesicht ist blaß, mit Schweiß bedeckt. In der Aufregung vergißt er zu grüßen, und auch sein Pferd läßt et stehen.

Dann kommt Gontermann. Et ist schon wieder vollkommen ruhig. Wir starten zu unserem abendlichen Sperrflug. Gontermann schießt einen Nieuport ab, ich einen Spad. Es ist mein sechster Sieg. Am nächsten Mittag erzählt mir Behrend, der mit den anderen Mechanikern unten im Dorf wohnt, daß der Ortskommandant am Morgen von Feldgendarmen abgeführt worden ist. Gontermanns Einfluß ist groß, viel größer als seine militärische Stellung. Man weiß oben, was man an ihm hat. In den vierzehn Tagen, die er jetzt bei unserer Jagdstaffel ist, hat er acht Gegner abgeschossen.

Dann kommt der Pour le merite für ihn und vier Wochen Urlaub. Am Abend bevor er fährt, übergibt er mir die Führung der Staffel bis zu seiner Rückkehr.

*

Wir fliegen jeden Tag, wenn es das Wetter irgend erlaubt. Meist dreimal, morgens, mittags und abends. Es sind fast immer Sperrflüge, zu wirklichen Luftkämpfen kommt es kaum. Der Franzose arbeitet in der Luft sehr vorsichtig, aber er ist taktisch hervorragend geschickt. Wir haben alle das Gefühl, daß uns der Gegner hier überlegen ist. Nicht nur durch die Qualität der Maschine. Zwanzig Monate Erfahrungen an einer Großkampffront, in Hunderten von Luftkämpfen erhärtet, schaffen einen Vorsprung, der nicht so schnell einzuholen ist.

Am 25. Mai fliegen wir Sperre – wie immer in Keilformation. Ich führe, hinter mir fliegen die Brüder Wendel, dann Puz und Glinkermann.

Wir fliegen etwa zweitausend Meter hoch. Der Himmel ist klar, wie reingefegt, ganz oben ein paar dünne, weiße Federwolken. Die Sonne prallt auf uns herunter, es ist gegen Mittag. Weit und breit kein Gegner zu sehen.

Von Zeit zu Zeit wende ich mich um und nicke den andern zu. Sie fliegen hinter mir, die Brüder Wendel, Puz und Glinkermann – alles in Ordnung!

Ich weiß nicht, ob es so was wie einen sechsten Sinn gibt. Aber plötzlich überkommt mich das Gefühl, daß uns eine Gefahr droht. Ich drehe eine halbe Kurve – und in dem Moment sehe ich:

Dicht neben mir, kaum zwanzig Meter entfernt, den Apparat von Puz in Rauch und Flammen gehüllt. Puz aber, Puz sitzt starr, hoch aufgerichtet mitten in der Lohe, den Kopf mir zugewandt. Jetzt hebt er langsam den rechten Arm an den Sturzhelm. Es kann der letzte Krampf sein. Aber es sieht aus, als ob er mich grüßt – zum letztenmal.

»Puz!« schreie ich, »Puz!«

Da bricht seine Maschine auseinander, der Rumpf stürzt wie ein glühendes Meteor lotrecht in die Tiefe, die abgebrochenen Tragflächen trudeln hinterher.

Ich bin benommen wie von einem Keulenschlag. Ich starre über Bord den Trümmern nach.

Eine Maschine schiebt sich ins Blickfeld, jagt in rasendem Fluge nach Westen, fünfhundert Meter unter mir. Die Kokarden blinken herauf wie tückische Augen. Im gleichen Augenblick fühle ich: das kann nur Guynemer sein!

Ich drücke nach unten, ich muß ihn haben! Aber die Tragdecken des Albatros halten den Sturzflug nicht aus, sie beginnen zu flattern, flattern immer stärker. Ich muß befürchten, daß der Apparat in der Luft abmontiert.

Ich gebe die Verfolgung auf und kehre nach Hause zurück. Die anderen sind schon gelandet.

Sie stehen in einer Gruppe auf dem Flugplatz und reden halblaut und bedrückt. Glinkermann hält sich abseits von den übrigen. Er sieht da, ganz in Gedanken, kratzt mit der Zwinge seines Stockes Figuren in den Sand. Sein Hund ist neben ihm, scheuert die Schnauze an seinem Knie. Aber er achtet nicht auf das Tier, so sehr ist er in seine Grübeleien versunken.

Als ich näherkomme, hebt er den Kopf, sieht mich an: »Du mußt mir nicht böse sein, Knägges«, sagt er, »ich konnte es wirklich nicht verhindern. Er ist mitten aus der Sonne heraus auf uns herabgestoßen, und als ich merkte, was los war, war auch schon alles vorbei.«

Sein Gesicht sieht verquält aus. Ich kenne ihn, ich weiß, daß er sich noch wochenlang mit Grübeleien und Vorwürfen selbstpeinigen wird. Weil er hinter Puz geflogen ist und weil er es hätte verhindern können.

Aber ich weiß auch, welch ein Kamerad Glinkerle ist. Wenn ich mit ihm fliege, fühle ich mich unbedingt sicher, denn eher läßt er sich in Fetzen schießen, als daß er auch nur einen Augenblick meinen Rücken freigibt.

»Laß gut sein, Glinkerle«, sage ich und lege ihm die Hand auf die Schulter, »niemand kann etwas dafür, oder wir haben alle die gleiche Schuld.«

Dann gehe ich in mein Zimmer und schreibe zuerst den Bericht »für oben«, dann den Brief an Hänischs Eltern.

*

Der Tod fliegt schneller...

Eine Ordonnanz kommt, weckt mich aus dem Mittagsschlaf. Anruf von Mortiers: Flugzeug unserer Staffel dort abgestürzt, der Führer, Vizefeldwebel Müller, tot.

Ich fahre hinüber. Ein paar alte Landser, grau und verwittert wie der Lehm der Champagne, empfangen mich. Sie haben ihn in einer Scheune aufgebahrt und führen mich zu ihm hin. Sein Gesicht ist ganz still und friedlich, er hat wohl einen leichten Tod gehabt. Ich lasse mir den Hergang des Unglücks erzählen und fahre nach Boncourt zurück.

Es ist sehr still auf dem Flugplatz. Am Nachmittag sind alle ausgeflogen, gegen Abend kehren sie heim zu zweit, zu dritt.

Glinkermann ist nicht dabei.

Die beiden, die mit ihm flogen, haben ihn aus den Augen verloren.

Er ist nach Westen zu im Gewölk verschwunden.

Das alte Lied, das bittre Lied...

Auf dem Flugplatz, in den weichen Rasen gebohrt, steht ein Spazierstock. Eine Soldatenmütze hängt darüber. Glinkermanns Talisman. Wenn er startet, läßt er sie dort zurück, wenn er landet, nimmt er sie wieder an sich. Sein großer, wolfsgrauer Schäferhund streicht unruhig um den Stock herum. Als ich über den Flugplatz gehe, trottet er mir nach. Das tut er sonst nie. Er hängt nur an Glinkermann und schnappt nach jedem, der ihm nahekommt. Seine feuchte, kalte Schnauze schiebt sich liebkosend in meine Hand.

Es ist sehr schwer, Haltung zu bewahren. Aber Gontermann hat mir die Staffel übergeben, und niemand soll mich schwach sehen.

Auf der Schreibstube ordne ich an, daß an alle erreichbaren Formationen vorn telefoniert werden soll. Ob irgendein deutscher Flieger vorn gelandet ist.

»An alle?« fragt ein Schreibet.

»An alle, selbstverständlich an alle!« schreie ich den Mann an. »Wenn Sie irgendeine Spur haben, benachrichtigen Sie mich sofort! Ich bin in meinem Zimmer.« Ich habe mich wieder gefaßt, ich sage es möglichst ruhig und kalt.

Langsam kommt die Nacht herauf. Ich sitze am offenen Fenster und sehe in die anflutende Dunkelheit. Die schmale, glitzernde Mondsichel schiebt sich höher über die Laubmassen der Parkbäume. Die Grillen zirpen unerträglich schrill und laut. Es ist schwül, es wird Regen geben diese Nacht.

Glinkermanns Hund ist bei mir im Zimmer. Unruhig läuft er zur Tür und wieder zurück, manchmal heult er leise.

Glinkermann, Glinkerle! Vor acht Tagen hat er einen Spad abgeschossen, der mir im Nacken saß, und am Tag darauf habe ich einen Gegner abgedrängt, der ihn verfolgte. Er muß wiederkommen, er darf mich nicht allein lassen!

Um zehn stürzt die Ordonnanz ins Zimmer: »Herr Leutnant, sofort ans Telefon, ein Infanterieposten bei Orguevalles!«

Eine tiefe, dunkle Stimme. Ja, ein deutsches Flugzeug ist bei ihnen heruntergekommen. Der Führer hatte schwarze Haare, in der Mitte gescheitelt. Andere Kennzeichen gibt es nicht. Es ist alles verbrannt. Der Hund heult so laut, daß ich ihn aus der Stube entfernen muß. Ich zünde meine Schreibtischlampe an und lasse mir von der Ordonnanz Glinkermanns Hinterlassenschaft bringen. Eine abgewetzte Brieftasche, etwas Geld darin, ein Bild von einem Mädchen und ein angefangener Brief. »Du Liebes!« beginnt er. Er ist nie vollendet worden.

Die Nacht steht ganz schwarz vor dem Fenster. Gegen Morgen fängt es an zu regnen. Der Wind rauscht schwer im nassen Laub der Parkbäume.

Am nächsten Vormittag fährt ein Leiterwagen in den Hof ein. Eine hölzerne Kiste liegt darauf. Die Kiste wird abgeladen und in Glinkerles Zelt gebracht. Wir legen seine alte Soldatenmütze darauf und seinen Eichenstock und bedecken das nackte Holz mit Blumen und Grün.

Zwei Tage später wird Glinkermann überführt. Am Morgen seines letzten Tages trifft seine Ernennung zum Leutnant bei der Staffel ein. Es wäre seine größte Freude gewesen, wenn er es erlebt hätte! So schicke ich das Patent an seine Eltern mit einem Urlauber aus Mülhausen. Er nimmt auch den Hund mit. Das Tier stemmt sich mit den Pfoten gegen die Erde, es muß mit Gewalt aus Glinkermanns Zelt gezerrt werden. Noch auf dem davonratternden Wagen klagt es. Wie ein Mensch.

Am 4. Juni fällt Vizefeldwebel Eichenhauer. An diesem Tag schreibe ich an Grashoff, einen alten Kameraden aus der Habsheimer Zeit: »Ich möchte an eine andere Front, ich möchte zu dir!« Ich bin der letzte von der Jagdstaffel 15, der letzte von denen, die damals von Mülhausen in die Champagne abfuhren.

*

Die Jagdstaffel 15, die aus dem alten Kampfeinsitzerkommando Habsheim hervorgegangen ist, zählt jetzt nur noch vier Flugzeuge, drei Vizefeldwebel und mich als Führer. Wir fliegen fast immer allein. Nur so können wir den Rahmen unseres Dienstes ausfüllen.

Es geschieht viel an der Front, es heißt, die drüben sollen eine Offensive vorbereiten. Die Fesselballons hängen jeden Tag in langen Reihen am Sommerhimmel wie eine Girlande von dickbäuchigen Wolken. Gut wäre es, wenn wenigstens einer von ihnen zerknallen würde. Den andern zur Warnung und überhaupt.

Früh am Morgen starte ich, damit ich die Sonne im Rücken habe und aus der Sonne heraus auf den Ballon herabstoßen kann. Ich fliege so hoch wie kaum je zuvor. Fünftausend Meter zeigt der Höhenmesser. Die Luft ist dünn und eisig kalt.

Die Welt unter mir sieht aus wie ein ungeheures Aquarium. Über Lierval, wo Reinhold fiel, rudert ein feindlicher Gitterschwanz herum. Wie ein winziger Wasserfloh schaufelt er sich durch die Luft.

Vom Westen her nähert sich rasch ein Punkt. Zuerst klein und schwarz, wächst rasch im Näherkommen. Ein Spad, ein feindlicher Jagdflieger. Einsamer Einzelgänger wie ich, der hier oben auf Raub ausgeht. Ich rücke mich auf dem Sitz zurecht, es wird Kampf geben.

In gleicher Höhe stoßen wir aufeinander zu, sausen haarscharf aneinander vorbei.

Wir legen uns links in die Kurve. Der Apparat des andern glänzt hellbraun in der Sonne. Dann beginnt das Kreisen umeinander. Von unten mag das aussehen, als ob zwei große Raubvögel sich im Liebesspiel drehten, aber hier oben ist's ein Spiel mit dem Tode. Wer den Gegner zuerst im Rücken hat, ist verloren. Denn der Einsitzer kann mit seinen fest eingebauten MG.s nur nach vorn heraus schießen, hinten ist er wehrlos.

Manchmal brausen wir so dicht aneinander vorbei, daß ich ein schmales, blasses Gesicht unter der Lederhaube deutlich erkennen kann. Am Rumpf zwischen den Flächen in schwarzen Buchstaben ein Wort. Als er zum fünftenmal an mir vorbeistreicht, so dicht, daß die Böen seines Propellerwinds mich hin und her schütteln, kann ich's erkennen: » Vieux« steht da – vieux – der Alte. Das ist Guynemers Zeichen.

Ja, so fliegt drüben nur einer an dieser Front. Guynemer, der dreißig Deutsche abgeschossen hat, Guynemer, der immer allein jagt wie alle gefährlichen Raubtiere, der von oben aus der Sonne heraus auf die andern herunterstößt, sekundenschnell die Gegner abschießt und verschwindet. So hat er mir auch den Puz abgeschossen. Ich weiß, daß es einen Kampf auf Leben und Tod gibt.

Ich drehe einen halben Looping, um von oben auf ihn hinabstoßen zu können. Er hat sofort begriffen und setzt gleichfalls zum Looping an. Ich versuche einen Turn, Guynemer folgt mir.

Einmal, aus der Kurve heraus, kriegt er mich für Sekunden zu fassen. Metallene Hagelkörner prasseln durchs rechte Tragdeck, schlagen hellklingend gegen die Streben.

Ich versuche, was ich kann, engste Kurven, Turns, seitliches Abrutschen. Aber blitzschnell hat er jede meiner Bewegungen erfaßt, und blitzschnell reagiert er auf jede. Allmählich merke ich, er ist mir überlegen. Nicht nur die Maschine da drüben ist besser. Auch der Mann, der drin sitzt, kann mehr als ich. Aber ich kämpfe weiter. Wieder eine Kurve. Einen Augenblick rutscht er in mein Visier hinein. Ich drücke den Knopf am Knüppel…das Maschinengewehr schweigt…Ladehemmung!

Mit der Linken halte ich den Knüppel weiter umklammert, mit der Rechten versuche ich durchzuladen. Umsonst – die Hemmung bleibt. Einen Augenblick denke ich daran, im Sturzflug nach unten wegzudrücken. Doch es wäre aussichtslos bei einem solchen Gegner, er würde mir sofort im Nacken sitzen und mich zusammenschießen.

Wir kurven weiter umeinander herum. Ein wundervolles Fliegen, wenn der Einsatz nicht so hoch wäre. Noch nie habe ich einen so taktisch klugen Gegner gehabt. Für Sekunden vergesse ich ganz, daß der da drüben Guynemer ist, mein Feind. Es kommt mir vor, als übte ich mit einem älteren Kameraden über unserem Flugplatz. Aber das ist nur für Sekunden so.

Acht Minuten kurven wir umeinander herum, es sind die längsten acht Minuten meines Lebens.

Jetzt saust er, auf dem Rücken liegend, gerade über mich hinweg. Ich habe einen Augenblick den Knüppel losgelassen und trommle mit beiden Fäusten auf das MG. ein. Ein primitives Mittel, aber manchmal hilft das.

Guynemer hat diese Bewegung von oben beobachtet, er muß sie beobachtet haben, und jetzt weiß er, was mit mir los ist. Er weiß, daß ich seine wehrlose Beute bin.

Wieder streicht er, fast auf dem Rücken liegend, ganz dicht über mich hinweg. Da geschieht's:

Er streckt die Hand aus und winkt mir, winkt ganz leicht und taucht im Sturzflug hinab nach Westen, in Richtung auf seine Front.

Ich fliege nach Hause, ich bin wie benommen.

Es gibt Leute, die sagen, Guynemer habe damals selbst eine Ladehemmung gehabt. Andere, die behaupten, er habe gefürchtet, ich würde ihn aus Verzweiflung in der Luft rammen. Aber ich glaube ihnen nicht. Ich glaube, daß auch heute noch ein Stück vom ritterlichen Heldentum alter Zeiten lebendig geblieben ist. Und deshalb lege ich diesen späten Kranz auf Guynemers unbekanntes Grab.

*

Am 19. Juni kommt Gontermann vom Urlaub zurück. Seine Lippen werden schmal, als ich ihm vom Schicksal der Staffel in diesen Wochen berichte. »Dann sind wir zwei ja allein geblieben, Udet«, sagt er.

Ich habe an Grashoff geschrieben, aber im Augenblick bringe ich es nicht fertig, davon zu reden. Ich verschiebe das Gespräch bis zum Abend.

Schon am Nachmittag macht Gontermann seinen ersten Frontflug. Er hat einen Gegner abgeschossen und selbst zwölf Treffer in die Maschine bekommen. Ich bin auf dem Flugplatz, als er landet, und gehe mit ihm zum Schloß hinüber.

Zum erstenmal sehe ich ihn unmittelbar nach einem Kampf. Sein Gesicht ist sehr blaß und mit Schweiß bedeckt. Die starre Ruhe, die immer von ihm ausgeht, ist verschwunden. Ich sehe einen Menschen vor mir, dessen Nerven bis ins Letzte aufgewühlt sind. Er wird dadurch nicht kleiner in meinen Augen, er rückt mir nur näher. Ich bewundere die Selbstdisziplin, mit der er sich sonst im Zaum hält.

Gontermann, der Spezialist für den Abschuß von Fesselballons

Während wir nebeneinander hergehen, schimpft er leise vor sich hin. Die feindlichen Treffer in seinem Apparat haben ihn aufgebracht. Ich beruhige. »Wer schießt, muß damit rechnen, auch beschossen zu werden«, sage ich.

Wir gehen über den knirschenden Kies des Parks auf das Haus zu. Ein weiß gestrichenes Gartentischchen steht da. Er bleibt stehen, hebt ein Blatt vom Boden auf und eine Handvoll Kies. Er legt das Blatt auf den Tisch und läßt die kleinen Steine von oben langsam herabrieseln. Es gibt jedesmal einen hellen Klang, fast wie einen Geschoßeinschlag, wenn ein Kiesel auf das Blech des Tisches aufschlägt.

»Sehen Sie, Udet«, sagt er dabei, »das ist so: die Kugeln fallen aus Gottes Hand« – er weist auf das Blatt – »sie kommen uns näher, immer näher. Einmal treffen sie uns dann. Sie treffen uns ganz bestimmt.«

Mit einer hastigen Handbewegung fegt er das ganze Spielzeug vom Tisch herunter. Ich sehe ihn von der Seite an. Er ist tief innerlich erregt, mir ist etwas unheimlich in seiner Nähe, und mein Wunsch, von hier fortzukommen, wird nur noch lebhafter. Die ganze Luft in Boncourt lastet auf mir, schwer von traurigen Erinnerungen.

»Ich möchte mich zur Jagdstaffel 37 melden«, sage ich.

Gontermann fährt herum. »Sie wollen mich verlassen?« Es klingt sehr vorwurfsvoll. Aber er hat sich sofort wieder in der Gewalt, sein Gesicht erstarrt, und er erklärt eisig: »Selbstverständlich werde ich Ihnen keine Schwierigkeiten in den Weg legen, Leutnant Udet.«

Ich fühle genau, was er denkt. »Es sind alte Kameraden dort aus Habsheim«, sage ich leise, »die letzten vom Kampfeinsitzerkommando. Den neuen Ersatz hier fliege ich natürlich vorher noch mit ein.«

Gontermann schweigt eine Weile. Dann streckt er mir die Hand hin: »Es ist schade, daß Sie nicht bei mir bleiben, Udet, aber ich kann Sie gut verstehen!«

*

Drei Monate später ist Gontermann gefallen. Er fiel wie viele unserer Besten ohne eigene Schuld. Sein Dreidecker verlor eine Tragfläche direkt über dem Flugplatz und stürzte ab. Nach vierundzwanzig Stunden starb er. Ohne Bewußtsein. Es war ein guter Tod.

Gontermanns Ende

Richthofen

Seit sechs Wochen bin ich Führer der Jagdstaffel 37. Wir liegen in Wynghene, einem kleinen Städtchen mitten in der flandrischen Marsch. Das Gelände ist schwierig, von Knicks und Wassergräben durchzogen, jede Notlandung bedeutet hier Bruch. Wenn man höher steigt, kann man hinübersehen nach Ostende und zum Meer. Graugrün und endlos dehnt es sich nach Norden bis zum Horizont.

Manche in der Staffel haben sich darüber gewundert, daß Grashoff gerade mir das Kommando überlassen hat, als er nach Mazedonien versetzt wurde. Denn es gibt ältere hier an Jahren und im Dienstrang.

Aber damals im Herbst, als ich über Lens die drei Engländer herunterholte, hat er es mir versprochen. Es war ein Überraschungserfolg im Stil Guynemers. Ich kam aus der Sonne heraus auf sie herunter, griff den letzten links außen an, erledigte ihn mit fünf Schuß, dann den nächsten und zuletzt das Führerflugzeug. Die beiden anderen waren so verblüfft, daß sie gar nicht zum Schuß kamen.

So sieht ein Jagdflieger aus, der vor 15 Minuten »Saures« bezog.
Behrend zählte 21 Treffer in der treuen Albatros D V!

Das Ganze dauerte nicht länger als zwanzig Sekunden, genau wie damals bei Guynemer...Man muß als Jagdflieger im Kriege sein Handwerk lernen oder kaputtgehen. Ein Drittes gibt es nicht.

Als ich landete, wußte Grashoff schon Bescheid. »Wenn ich hier mal abgehe, Knägges«, sagte er, »sollst du die Staffel erben.«

So bin ich Führer der Jagdstaffel 37 geworden.

Führer der Jagdstaffel 37. Flandern 1917

Uns gegenüber liegen Engländer, junge, schneidige Burschen. Sie nehmen jeden Kampf an und halten gewöhnlich bis zur letzten Entscheidung durch. Aber wir sind ihnen ebenbürtig.

Das drückende Gefühl der Unterlegenheit, das in Boncourt alle lähmte, ist verschwunden. Die Staffel hat eine ganze Reihe von Siegen hinter sich, mir selbst sind jetzt neunzehn Abschüsse anerkannt.

Je weiter der Winter vorrückt, um so mehr schläft der Flugbetrieb ein. Es gibt viel Regen und Schnee, und selbst an trockenen Tagen treiben schwere Wolken so tief, daß der Flugdienst ausfällt.

Wir sitzen zu Hause herum in den Quartieren. Ich bin im Landhaus eines Spitzenfabrikanten untergebracht. Manchmal, wenn ich am Fenster sitze, sehe ich die Heimarbeiter, verkrümmte, arme Gestalten, durch den Schnee heranstapfen, um ihre Ware abzuliefern.

Der Sohn des Hauses ist drüben bei den britischen Fliegern eingetreten, im Royal Flying Corps. Aber die Leute lassen's mich nicht entgelten. »Er tut seine Pflicht, Sie tun Ihre Pflicht!« Das ist ihr Standpunkt, vernünftig und klar.

Startbereit in Erwartung der Tommies

Im Frühjahr 1918 läuft eine Unruhe durch die deutsche Front von Flandern bis hinauf zu den Vogesen. Das ist nicht allein der Frühling. Man spricht überall bei Offizieren und Mannschaften von der großen Offensive, die bevorstehen soll. Aber niemand weiß Genaues. Am 15. März erhält die Staffel den Befehl, Mannschaften und Flugzeuge sofort zu verladen. Bestimmungsort unbekannt.

Wir wissen alle, die Offensive beginnt.

*

An der Landstraße nach Le Cateau schlagen wir die Flugzeugzelte auf. Der Regen rinnt, ein feiner Rieselregen, der langsam alles in einen grauen Brei verwandelt. Bäume, Häuser, Menschen. Ich habe meine Lederjacke übergezogen und helfe den Mechanikern beim Einschlagen der Zeltpflöcke.

Lothar und Manfred von Richthofen

Ein Auto rattert die Straße herauf. Es kommen viele Autos hier vorbei, man sieht sich nicht mehr um danach. Wir arbeiten weiter, schweigend und verbissen.

Jemand klopft mir auf die Schulter. Ich fahre herum:

Richthofen.

Der Regen rinnt an seiner Schirmmütze herunter, läuft ihm übers Gesicht.

»Tag, Udet!« sagt der Rittmeister und tippt an die Mütze. »Schönes Sauwetter heute.«

Ich grüße stumm und sehe ihn an. Ein ruhiges, völlig beherrschtes Gesicht, große, kalte Augen, von schweren Lidern halb bedeckt. Das ist der Mann, der schon jetzt siebenundsechzig heruntergeholt hat, der Beste von uns allen.

Sein Auto wartet unten auf der Landstraße, er ist durch den Regen die Böschung zu mir heraufgeklettert. Ich warte.

»Wieviel Abschüsse haben Sie jetzt eigentlich, Udet?«

»Neunzehn anerkannt, einer angemeldet«, antworte ich.

Er stochert mit seinem eichenen Spazierstock im feuchten Laub.

»Hm, zwanzig also«, wiederholt er. Er blickt auf und sieht mich prüfend an.

»Dann wären Sie ja eigentlich reif für uns. Haben Sie Lust?«

Ob ich Lust habe? Selbstverständlich habe ich Lust. Riesige Lust sogar. Und wenn's nach mir ginge, würde ich sofort aufpacken und mit ihm fahren. Es gibt viele gute Jagdstaffeln in der Armee, und Jasta 37 ist nicht die schlechteste. Aber es gibt nur ein Jagdgeschwader Richthofen.

Mein Quartier beim Richthofen-Geschwader

»Jawohl, Herr Rittmeister«, sage ich. Wir schütteln uns die Hände.

Ich sehe ihm nach, wie er, schmal und schlank, zierlich fast, die steile Böschung herunterklettert, in seinen Wagen steigt und um die nächste Wegbiegung im Schleier des Regens verschwindet.

»Na, nun hätten wir beide es ja geschafft«, sagt Behrend, als ich mich wieder neben ihn kauere, um die Zeltpflöcke in die Erde zu treiben.

*

Es gibt viele gute Staffeln an der Front, aber es gibt nur ein Geschwader Richthofen. Und jetzt sehe ich das Geheimnis dieses Erfolgs.

Andere Staffeln wohnen in Schlössern oder kleinen Ortschaften, zwanzig, dreißig Kilometer hinter der Front. Das Geschwader Richthofen haust in Wellblechbaracken, die in wenigen

Stunden abzubrechen und wieder aufzubauen sind. Sie stehen selten mehr als zwanzig Kilometer hinter der vordersten Linie. Andere Staffeln starten zwei-bis dreimal am Tage, Richthofen und seine Leute steigen fünfmal auf. Andere stellen bei schlechtem Wetter den Flugbetrieb ein, hier wird fast immer geflogen.

Das überraschendste aber sind für mich die Gefechtslandeplätze. Das ist eine Erfindung Bölckes, des Altmeisters der deutschen Fliegerei. Richthofen, sein begabtester Schüler, hat sie übernommen.

Wenige Kilometer hinter der Front, oft noch unmittelbar im Bereich der feindlichen Granaten, sitzen wir, fertig angezogen, auf Liegestühlen mitten im freien Feld, die Flugzeuge startbereit daneben. Sobald sich ein Gegner am Horizont zeigt, steigen wir auf. Einer, drei oder eine ganze Staffel.

Gleich nach dem Kampf landen wir, strecken uns wieder in die Feldstühle, suchen den Himmel mit Ferngläsern ab und warten auf den nächsten Gegner. Sperrflüge gibt es nicht, Richthofen hält nichts davon. Nur Patrouillenflüge ins feindliche Hinterland läßt er gelten. »Dies Postenstehen in der Luft schwächt die Kampfesfreudigkeit des Jagdfliegers«, sagt er. So steigen wir nur zu Kämpfen auf.

Um zehn Uhr bin ich beim Geschwader angekommen, um zwölf bereits starte ich zum ersten Flug mit Jagdstaffel 11. Außerdem gehören noch die Staffeln 4,6 und 10 zum Geschwader. Staffel 11 führt Richthofen selber. Er legt Wert darauf, jeden Neuen persönlich zu erproben.

Wir fliegen zu fünft, der Rittmeister voran, hinter ihm Just und Gußmann. Scholtz und ich bilden den Beschluß. Zum erstenmal fliege ich den Fokker-Dreidecker. Wir streichen etwa fünfhundert Meter hoch über das Trichtergelände hinweg nach Westen.

Über dem zerschossenen Albert hängt dicht unterhalb der Wolken ein R. E., englischer Artilleriebeobachter. Schießt wohl seine Batterien ein. Wir sind etwas tiefer als er, wahrscheinlich hat er uns nicht bemerkt, denn er zieht ruhig weiter seine Kreise.

Ich tausche einen raschen Blick mit Scholtz, er nickt. Ich verlasse die Staffel und sause auf den Tommy zu.

Ich greife ihn von vorn an. Von unten her stoße ich wie ein Haifisch auf ihn, feuere auf ganz kurze Entfernung. Sein Motor wird von den Schüssen durchsiebt. Er kippt sofort, platzt gleich darauf in der Luft auseinander. Die brennenden Trümmer stürzen dicht bei Albert herunter.

Eine Minute später bin ich wieder bei der Staffel und fliege weiter mit ihr feindwärts. Scholtz nickt wieder, rasch und fröhlich. Aber auch der Rittmeister hat's bemerkt, er scheint seine Augen überall zu haben. Sein Kopf fährt herum, er winkt mir grüßend zu.

Rechts unter uns die Römerstraße. Die Bäume sind noch kahl. Wie durch ein Gitterwerk hindurch kann man Kolonnen unten ziehen sehen. Sie ziehen nach Westen, es sind Engländer. Auf dem Rückmarsch vor unserer Offensive.

Dicht über den Baumwipfeln streicht eine Kette Sopwith-Camels entlang. Englische Einsitzer. Sie sollen wohl die Römerstraße schützen, eine Hauptader des feindlichen Abmarschs.

Ich habe kaum Zeit, das Bild in mich aufzunehmen, da saust Richthofens roter Fokker im Sturzflug nach unten, wir alle hinterher.

Die Sopwith-Camels spritzen auseinander wie Küken, wenn der Habicht stößt. Nur einer kann nicht mehr entwischen, der, den der Rittmeister aufs Korn genommen hat.

Es geht so schnell, daß man kaum noch von Luftkampf reden kann. Einen Augenblick glaubt man, der Rittmeister rammt ihn, so kurz ist die Entfernung. Höchstens zehn Meter schätze ich. Da läuft ein Schlag durch den Sopwith. Seine Nase wird nach unten gerissen, die weiße Benzinfahne flattert auf, und in Rauch und Feuer schlägt er auf dem Feld neben der Straße auf.

Richthofen aber, der stählerne Keil der Staffel, saust weiter in steilem Gleitflug nach unten auf die Römerstraße zu. In zehn Meter Höhe jagt er über der Erde entlang, beide MG.s schießen ununterbrochen in die Menschenkolonnen unten auf der Straße. Wir bleiben immer hinter ihm, und wir schießen, schießen wie er.

Ein panisches Entsetzen scheint die Truppe zu lähmen, nur ein paar spritzen in den Chausseegraben, die meisten fallen wie sie gehen oder stehen.

Am Ende der Straße dreht der Rittmeister eine kurze Kurve und fegt noch einmal über den Spitzen der Chausseebäume entlang. Jetzt können wir deutlich die Wirkung beobachten, die unser erster Angriff hervorgebracht hat: durchgehende Pferdegespanne, stehengebliebene Geschütze, die wie eine Brandungsmauer die anstürmende Menschenflut blockieren.

Diesmal werden unsere Schüsse von unten erwidert. Infanteristen stehen da, die Gewehre an die Backe gerissen, und aus dem Chausseegraben bellt ein Maschinengewehr herauf. Doch der Rittmeister fliegt keinen Meter höher deshalb, wenn auch seine Tragflächen durchlöchert werden. Wir alle sind dicht hinter ihm, fliegend und schießend. Die ganze Staffel ist *ein* Körper, seinem Willen untertan. Und so soll es sein.

Er verläßt die Straße, steigt, wir folgen ihm. In fünfhundert Meter Höhe fliegen wir nach Hause zurück. Als wir landen, ist es halb eins. Es ist Richthofens dritter Start an diesem Morgen.

Als meine Maschine aufsetzt, steht er schon auf dem Platz. Er kommt auf mich zu, ein Lächeln um den schmallippigen Mund.

»Schießen Sie immer so von vorn ab, Udet?« fragt er. In seinem Ton liegt eine gewisse Anerkennung.

»Habe einige Male damit Erfolg gehabt«, sage ich möglichst gleichmütig.

Er lächelt wieder und wendet sich zum Gehen. »Übrigens, die Staffel II können Sie morgen schon übernehmen«, sagt er über die Schulter weg.

Daß ich eine Staffel bei ihm bekommen würde, habe ich schon vorher gewußt, aber die Form der Mitteilung überrascht mich etwas.

Scholtz schlägt mir auf die Schulter: »Mensch, haben Sie eine dicke Nummer beim Rittmeister!«

»Kann ich gar nicht finden«, gebe ich brummig zurück.

Aber es muß doch wohl so sein. Nur muß man sich daran gewöhnen, daß seine Wertschätzung völlig sachlich bleibt, ohne den leisesten sentimentalen Hauch. Er dient mit seinem ganzen Leben einer Idee, der Idee des Vaterlandes, und er verlangt von allen seinen Fliegern dasselbe. Er schätzt den Mann danach ein, was er für die Sache leistet, und vielleicht noch nach seinen Qualitäten als Kamerad. Wer da besteht, für den setzt er sich voll ein. Mit seiner ganzen Persönlichkeit. Wer versagt, den läßt er fallen. Ohne Wimperzucken. Wer sich einmal bei einem Feindflug laurig zeigt, der muß das Geschwader verlassen. Noch am gleichen Tag.

Gewiß, Richthofen ißt, trinkt und schläft, wie andere auch. Aber er ißt, trinkt und schläft nur, um zu kämpfen. Wenn einmal der Lebensmittelnachschub knapp wird, schickt er Bodenschatz, das Muster aller Adjutanten, mit einer alten Kiste nach hinten, um zu requirieren. Bodenschatz nimmt dann jedesmal eine ganze Sammlung von Lichtbildern mit Richthofens eigenhändiger Unterschrift mit. »Dem lieben Kampfgefährten gewidmet!« steht darauf. Auf den Proviantämtern in der Etappe werden diese Fotos sehr hoch bewertet. Sie bringen zu Hause einen ganzen Stammtisch zu ehrfürchtigem Schweigen. Beim Geschwader aber werden Wurst und Schinken niemals alle.

*

Ein paar Reichstagsabgeordnete haben sich zum Besuch bei uns angemeldet. Gegen Abend kommen sie in einer großen Limousine angerollt. Sie geben sich sehr feierlich, ganz von der Würde des Augenblicks erfüllt. Einer hat sogar einen Cut an. Wenn er eine Verbeugung macht, wippen seine Rockschöße wie der Stert einer Bachstelze.

Beim Abendbrot an der Kasinotafel reden sie, daß einem Flieger beim Zuhören die Zähne wehtun. »Wenn Sie so in Ihrer Flugmaschine gegen den Feind fahren, Herr Baron«, beginnt der eine seinen Spruch. Richthofen sitzt da und hört mit steinernem Gesicht zu.

Nach einer Flasche Wein reden sie von Heldenjugend und Vaterland. Wir sitzen mit niedergeschlagenen Augen um den Tisch. Ohne daß wir es in Worte fassen können, haben wir das Gefühl, daß man über solche Dinge nicht so flüssig sprechen dürfte.

Dann werden die Herren ins Bett gebracht. Sie schlafen in den kleinen Wellblechbaracken genau wie wir. Damit sie zu Hause ihre Feldeindrücke schildern können.

Wir stehen in Rudeln auf dem Platz zusammen, bis das Licht hinter den kleinen Fenstern erlischt. »Eigentlich«, meint Maushacke, genannt Mausezahn, nachdenklich, »müßte man sie noch mehr vom Kriege erleben lassen, wenn sie morgen schon wieder nach Hause fahren.«

Scholtz zwinkert mit dem rechten Auge und bemerkt lakonisch: »Fliegerangriff!«, nichts weiter, aber wir verstehen ihn sofort.

Eine Leiter wird geholt, vorsichtig an die Baracke gelehnt, in der die Volksvertreter schlafen. Katzenartig schleicht Wölffchen die Leiter hinauf zum Kamin, mit Leuchtpistolen, Knallmunition, »Fliegerfürze« genannt, bis an die Zähne bewaffnet.

Im Innern der Baracke ein Knattern, Prasseln und der dumpfe Knall von Detonationen. Gleich darauf Geschrei.

Es ist eine Vollmondnacht. Wir stehen im schwarzen Schlagschatten der anderen Baracken verborgen. Plötzlich öffnet sich drüben die Tür, und heraus stürzen drei Gestalten in flatternden weißen Hemden. Der Rittmeister lacht, daß ihm Tränen die Backen herunterlaufen.

»Fliegerangriff! Zurück in die Baracken!« donnert eine mächtige Stimme über den Platz, und in rasendem Lauf verschwinden die drei weißen Gestalten wieder hinter der Tür.

Am nächsten Morgen haben sie es sehr eilig, weiterzukommen. Nicht einmal das Frühstück nehmen sie mehr bei uns.

Wir lachen noch lange hinterher. Die Freuden hier draußen sind dünn gesät, und wenn irgendwo mal ein Spaß ins Kraut schießt, genießt man ihn dankbar und lange. Selbst nachher, am Ende des Krieges, als wir kämpften wie ertrinkende Schwimmer, blieb das so.

Ich denke an unseren Gefangenen in Bernes.

Lothar von Richthofen, der Bruder des Rittmeisters, hat wieder einen heruntergeholt. Es ist ein englischer Major, und er ist gerade neben unserem Lager heruntergekommen. Infanterie ist nicht in der Nähe, deshalb behalten wir ihn bei uns als Gefangenen.

Zum Abendbrot erscheint er mit Richthofen im Kasino und wird allen vorgestellt. Es ist ein langer Schlaks, ein bißchen salopp und doch sportlich, liebenswürdig, aber mit Zurückhaltung, kurz: ein Gentleman.

Wir plaudern von Pferden, Hunden und Flugzeugen. Vom Krieg wird nicht gesprochen. Der Engländer ist unser Gast, und er soll nicht das Gefühl haben, daß wir ihn aushorchen.

Mitten in der Unterhaltung wendet er sich flüsternd an seinen Nachbar, steht dann auf und geht hinaus.

Lothar blickt ihm etwas besorgt nach.

»Wo will er hin?«

»› I beg your pardon, where is the W. C.?‹ hat er gefragt«, antwortet Mausezahn.

Einen Augenblick betretenes Schweigen. Das bewußte Häuschen liegt fast drei Minuten entfernt am Ende der Schlucht, in der das Lager steht. Dahinter dehnt sich Wald. Für einen Sportsmann ist es nicht schwer, von dort aus die Freiheit zu erreichen.

Widerstreit der Meinungen. Maushacke, der wohlgenährte Braunschweiger, ist am eifrigsten. Er will auch hinausgehen und sich neben den Engländer stellen. Das läßt sich ganz zwanglos machen. Aber Lothar widerspricht. »Wir haben den Mann bisher als Gast behandelt, und er hat uns keine Veranlassung gegeben, an seinem Anstand zu zweifeln.«

Doch eine Unruhe bleibt. Schließlich tragen wir die Verantwortung für den Gefangenen. Wenn er entkommt, gibt's ein furchtbares Donnerwetter.

Einer tritt ans Fenster und sieht dem Engländer nach. Wenige Sekunden später haben sich sechs oder acht um ihn gruppiert. Ich bin auch dabei.

Der Engländer stakt mit langen Schritten über den Platz. Er bleibt stehen, zündet sich eine Zigarette an, blickt sich um. Sofort versinken wir alle in die Kniebeuge. Die Gastfreundschaft ist heilig, und unser Mißtrauen könnte ihn beleidigen.

Er verschwindet hinter der fichtenen Bretterwand des Häuschens.

Sie reicht nicht bis zur Eide herunter, man kann seine braunen Stiefel sehen. Das ist beruhigend.

Doch Maushackes detektivischer Spürsinn ist geweckt.

»Kinder«, japst er atemlos, »der steht nicht mehr in seinen Stiefeln drin. Der ist in Strümpfen über die Hinterwand gesetzt und auf und davon. So können die Stiefel ganz unmöglich stehen, wenn...«

Er führt uns vor, wie Beine bei dieser Beschäftigung eigentlich zu stehen hätten.

Der Engländer kommt wieder hinter der Wand hervor. Wir schleichen tief gebückt auf unsere Plätze zurück. Als er eintritt, plaudern wir von Pferden, Hunden und Flugzeugen.

»Ich würde es mir nie verzeihen, solche Gastgeber zu enttäuschen«, sagt der englische Major und trinkt uns zu, ein kleines Lächeln um die Mundwinkel. Wir danken ernst und feierlich.

Am nächsten Morgen holt ein kleiner, buschbärtiger Landsturmmann den Gefangenen ab. Er dreht sich noch oft um und winkt uns.

Fünf Tage später bringt Meyerchen aus Gent eine merkwürdige Nachricht mit. Ein englischer Gefangener hat seinen Transportbegleiter überfallen und ist in deutscher Uniform geflüchtet. Aus dem Klosett eines fahrenden D-Zugs. Den Begleitmann hat man dort eingesperrt gefunden.

»War's ein Major?« fragt Mausezahn erregt.

»Bist du Hellseher, Mensch?« fährt Meyerchen auf. »Wahrhaftig, es war ein englischer Fliegermajor.«

»Also doch aus dem W. C.!« schreit Mausezahn.

Meyerchen sieht sich verdutzt um. Wir lachen, daß uns die Kinnladen schmerzen.

*

Wir fliegen mal allein, mal im Staffelverband, aber wir fliegen jeden Tag. Und fast jeder Flug bringt einen Kampf.

Am 28. März bin ich mit Gußmann unterwegs. Patrouillenflug auf Albert zu. Es ist Nachmittag. Die Sonne steht schon im Westen. Ihr greller Schein beißt in die Augen. Man muß von Zeit zu Zeit mit dem Daumen das Licht abblenden und den Horizont nach Gegnern absuchen. Sonst wird man überrascht. Der tote Guynemer hat an der ganzen Front Schule gemacht.

Plötzlich ist doch ein Engländer über uns. Er stößt auf Gußmann zu, Gußmann weicht aus, drückt nach unten. Hundert Meter tiefer sehe ich sie herumkurven. Ich spähe nach einer Stelle, wo ich den Engländer packen kann, ohne Gußmann zu treffen.

Einen Augenblick hebe ich den Kopf. Da sehe ich einen zweiten Engländer auf mich zuschießen. Er ist kaum hundertfünfzig Meter entfernt. Auf achtzig Meter eröffnet er das Feuer. Ausweichen unmöglich, ich fliege auf ihn zu. Tack, tack, tack bellt mein Maschinengewehr, tack, tack, tack belfert seins zurück.

Noch zwanzig Meter Entfernung. Es sieht aus, als sollten sich unsere Maschinen in der nächsten Sekunde rammen. Da, eine kleine Bewegung, haarscharf springt er über mich hinweg. Die Böen seines Propellerwindes schütteln mich, Duft von Rizinusöl weht über mich hin.

Ich drehe eine kurze Kurve. »Jetzt beginnt der Kurvenkampf«, denke ich. Aber er hat auch gedreht, und wir sausen wieder schießend gerade aufeinander zu wie zwei Turnierreiter mit eingelegten Lanzen. Diesmal überfliege ich ihn.

Wieder Kurve. Wieder ist er mir direkt gegenüber. Wieder stürzen wir aufeinander los. Die dünnen, weißen Fäden der Leuchtspurmunition hängen wie Gardinen in der Luft. Keine Handbreit fegt er über mich hinweg...»8224« steht am Rumpf seines Flugzeugs in schwarzen Buchstaben.

Ein viertes Mal. Ich fühle, wie meine Hände feucht werden. Das da drüben ist ein Mann, der den Kampf seines Lebens kämpft. Er oder ich...einer von uns wird bleiben...es gibt keinen anderen Ausweg.

Zum fünftenmal! Die Nerven sind zum Zerreißen gespannt, aber der Kopf arbeitet kalt und klar. Diesmal muß die Entscheidung fallen. Ich nehme ihn ins Visier, ich halte auf ihn zu, gerade auf ihn zu. Ich bin entschlossen, keinen Strichbreit auszuweichen.

Blitzlicht der Erinnerung: Bei Lens habe ich's gesehen. Ein Luftduell. Die beiden Maschinen jagten aufeinander, prallten zusammen. Die Rümpfe, zu einem Metallklumpen zusammengeschweißt, stürzten in die Tiefe. Die Flächen allein flogen weiter, ein ganzes Stück, flatterten zu Boden.

Wie zwei wütende Eber rennen wir gegeneinander an. Wenn er jetzt die Nerven behält, sind wir beide verloren!

Da – er biegt ab, weicht mir aus. In diesem Moment trifft ihn meine Geschoßgarbe. Sein Apparat bäumt sich, wirft sich herum auf den Rücken und verschwindet in einem riesigen Granattrichter. Erdfontäne, Rauch…Zweimal umkreise ich die Stelle, wo er gestürzt ist. Feldgraue stehen unten, winken mir, schreien.

Ich fliege nach Hause, ich bin schweißnaß am ganzen Körper, die Nerven vibrieren noch. Zugleich ein dumpfer, bohrender Schmerz in den Ohren.

Ich habe mich nie um abgeschossene Gegner gekümmert. Wer kämpft, darf nicht auf die Wunden sehen, die er schlägt. Aber dieses Mal möchte ich wissen, wer der andere war.

Gegen Abend, in der Dämmerung, fahre ich hinaus. Ein Feldlazarett liegt dicht bei der Stelle, wo er abstürzte. Dort haben sie ihn wohl hingebracht.

Ich lasse den Arzt bitten. Er kommt. Sein weißer Mantel leuchtet gespenstisch im grellen Licht der Karbidlampe. Er hat einen Kopfschuß gehabt, der andere, ist sofort tot gewesen. Der Arzt übergibt mir seine Brieftasche.

Visitenkarten: »Leutnant C. R. Maasdorp, Ontario, RFC 47.« Vom Royal Flying Corps also. Bild von einer alten Frau und ein Brief. »Du mußt nicht soviel Feindflüge machen. Denk doch an Vater und mich.«

Ein Sanitäter bringt mir die Nummer des Flugzeugs. Er hat sie herausgeschnitten. Sie ist mit kleinen Blutspritzern übersät. Ich fahre zur Staffel zurück. Man darf nicht daran denken, daß eine Mutter um jeden weint, den man abschießt.

Nach dem Duell mit dem britischen Lt. Maasdorp

In den nächsten Tagen werden die Ohrenschmerzen immer schlimmer. Es ist, als wenn im Innern des Schädels einer mit Bohrer und Meißel arbeitete. Am 6. April schieße ich wieder

einen ab. Einen Sopwith-Camel aus dem feindlichen Geschwader heraus. Es ist mein vierund-
zwanzigster Sieg.

Als ich lande, bin ich vor Schmerzen so benommen, daß ich kaum mehr gehen kann. Richthofen steht auf dem Flugplatz, ich torkele ohne Gruß an ihm vorbei auf die Revierstube zu.

Wir haben nur einen Sanitäter, einen Arzt hat man dem Geschwader noch nicht bewilligt.
Es ist ein netter, dicker Kerl, aber ich glaube, allzu viel versteht er nicht von seinem Handwerk.
Er fuhrwerkt mit seinen Instrumenten in meinem Ohr herum, daß ich denke, er will mir den
Kopf zersägen. »Das Ohr ist hinten ganz voll Eiter«, sagt er schließlich.

Die Tür wird geöffnet, der Rittmeister steht auf der Schwelle.

»Udet, was ist denn mit Ihnen los?« fragt er. Der Sanitäter erklärt.

Der Rittmeister klopft mir auf die Schulter. »Jetzt aber ab dafür, Udet.« Ich protestiere: »Vielleicht wird's auch so vorübergehen.« Doch er schneidet mir das Wort ab: »Sie fahren morgen,
hier draußen muß man gesund sein.«

Richthofen kurz vor dem letzten Start, 21. April 1918.
W. von Richthofen, Scholtz, Carjus, Wolff, Lübbert, Manfred von Richthofen, Löwenhardt,
Just, Weiß

Es fällt mir furchtbar schwer, jetzt meine neue Staffel zu verlassen, mitten im Erfolg abzubrechen. Er weiß das, denn mehr oder weniger glauben wir alle an das Gesetz der Serie.

Deshalb bringt er mich am nächsten Morgen selbst zu dem alten Zweisitzer, mit dem wir
ins Hinterland fliegen. Er bleibt auf dem Flugplatz stehen und winkt mir mit der Mütze. Sein
blondes Haar glänzt in der Sonne.

Die Maschinengewehre Richthofens sind ausgebaut.
Links der Canadier Roy Brown, der Richthofens Schicksal entschied

Heimkehr

In der Morgenfrühe kommt der Zug in München an. Die Stadt schläft noch, die Straßen sind fast leer, die Läden geschlossen, nur ab und an fährt schnarchend eine Rollgardine in die Höhe. Ich schlendere die Kaufinger Straße hinunter, am Stachus vorbei. »Zu Hause«, denke ich, »wieder zu Hause!« Aber Heimatgefühl, die warme Vertrautheit mit den Dingen um mich her will sich nicht einstellen. Eine Stadt im Morgendämmern ist so fremd und fern wie ein Mensch im Schlaf.

Ich trete in einen Zigarrenladen und rufe meinen Vater im Büro an. Er ist schon da, trotz der frühen Stunde, er hält darauf, immer der erste zu sein.

»Erni«, sagt er, und ich höre, wie er ein paarmal tief Luft holt, »Erni, du hier?«

Und dann verabreden wir, daß wir Mutter nichts sagen wollen und daß ich ihn aus der Fabrik abholen soll, kurz vor der Mittagspause. Vorher will ich noch zum Arzt gehen.

Es ist unser alter Hausarzt, und er empfängt mich mit dem geräuschvollen Hallo einer ganzen Stammtischrunde. Bei vielen mag das Geschäftskniff sein, ihm kommt dieses Gedröhn aus den Tiefen seines weiten Säuferherzens. Dann untersucht er mich und wird ernst.

»Aus mit der Fliegerei, junger Mann«, sagt er, »das Trommelfell ist hin und das Mittelohr vereitert.«

»Das ist doch nicht möglich« – trotz aller Anstrengung kann ich nicht verhindern, daß meine Stimme vibriert.

»Na«, er klopft mir begütigend auf die Schulter, »vielleicht kann Onkel Doktor das wieder zusammenflicken. Aber besser wär's schon, wir blieben auf dem Lande und nährten uns redlich.«

Der Besuch hat mich niedergedrückt. Auf dem ganzen Weg zu meinem Vater muß ich daran denken. Nicht mehr fliegen – das kann doch nicht sein. Das wäre ebenso, als wenn man mir eine schwarze Brille aufsetzen wollte und mich zeitlebens damit herumlaufen lassen. Dann lieber noch ein paar Jahre die Sonne sehen und danach für immer blind sein. Ich beschließe, die Ratschläge des Medizinmannes nur so lange zu befolgen, wie ich es selbst für gut halte.

Und dann bin ich bei meinem Vater. Sobald ich ins Kontor trete, steht er von seinem Schreibtisch auf und kommt mit großen Schritten auf mich zu.

»Junge, mein lieber Junge!« sagt er und streckt mir beide Hände entgegen.

Einen Augenblick stehen wir uns gegenüber und sehen uns an, dann beginnt er, ein bißchen atemlos, zu sprechen.

Also die erbeutete Winchesterbüchse vom Sergeanten Barlet, die ich ihm geschickt habe, ist ganz tadellos, zweimal ist er damit schon auf den Bock gegangen.

Wie einfach haben es doch die Männer in Frankreich. Sie kennen keine Scheu, und bei einer Begrüßung und beim Abschied umarmen sie sich und bohren sich küssend ihre Bärte in die Gesichter, ganz einerlei, wo sie gehen und stehen. Ich habe das oft auf Bahnhöfen beobachtet.

Wir sitzen uns gegenüber, durch die Breite der Schreibtischplatte getrennt.

»übrigens«, sagte Vater, »ist mir neulich nachts eine Sache eingefallen. Du schriebst davon, daß du den Caudron nicht abschießen konntest, obwohl du bestimmt getroffen hast. Vielleicht war der Apparat gepanzert?«

Ich schüttelte den Kopf.

»Doch, doch«, fährt er eifriger fort, »du kannst das ja nicht wissen. Und ich habe mir gedacht, daß wir unsere Flugzeuge auch panzern sollten, wenigstens den Führersitz und den Motor. Damit wäre die größte Gefahr für den Piloten beseitigt.«

Ich widerspreche. Für die Artilleriehasen mag das allenfalls möglich sein, für uns Jagdflieger ausgeschlossen. Mit einer so gepanzerten Kiste würde man bestimmt nicht über tausend Meter steigen.

»Das ist doch gleichgültig, die Hauptsache ist ja schließlich das Leben des Fliegers.«

»Aber Papa«, erkläre ich ein bißchen von oben herab, »was für eine Vorstellung hast du von der Fliegerei!«

Der frohe Eifer in seinem Gesicht erlischt. »Ja, ja, du magst schon recht haben«, sagt er müde, und im gleichen Augenblick fühle ich, wie eine Welle von Scham und Reue in mir aufwallt. Wie wenig habe ich ihn verstanden! Die Panzerplatten waren, in seinem Herzen geschmiedet, um mich zu schützen, und ich habe sie unbesehen zum Gerümpel geworfen.

»Bei Krupp sollen sie jetzt allerdings ein neues Leichtmetall ausprobieren, das kugelfest ist«, suche ich den Faden wieder anzuspinnen, aber er winkt ab:

»Na, laß schon, Junge, wir wollen an Mutter telefonieren, daß ich einen Gast mitbringe und sie ein Gedeck mehr auflegen soll.«

Und dann sind wir zu Hause. Vater geht zuerst ins Wohnzimmer. Mutter deckt auf. Ich höre das Klirren der Messer und Gabeln, dann ihre Stimme: »Du, hast du schon den Heeresbericht gelesen? Unser Erni hat seinen Vierundzwanzigsten abgeschossen!«

Da kann ich mich nicht mehr halten, ich laufe ins Zimmer. Sie wirft die Messer und Gabeln auf den Tisch, und wir liegen uns in den Armen. Dann nimmt sie meinen Kopf und hält ihn mit beiden Armen weit von sich ab: »Krank, Junge?«

»Ach, nur ein bißchen an den Ohren.«

Sie beruhigt sich sofort. Das ist das Eigenartige an ihr: sie hat ein felsenfestes Vertrauen, daß mir in diesem Krieg nichts Schlimmes passieren kann, und sie behauptet das mit einer Bestimmtheit, als hätte es ihr der liebe Gott persönlich in die Hand versprochen. Manchmal muß ich darüber lächeln, manchmal rührt mich die Kindlichkeit ihres Glaubens, aber allmählich strömt ihr Vertrauen auf mich über, und oft glaube ich selber schon, daß diesmal keine Kugel für mich gegossen ist.

Wir essen. Zwischendurch fragen sie mich, und ich erzähle, was ich für gut halte. Über den letzten Kampf mit Maasdorp spreche ich nicht. Ich will Vater nicht beunruhigen, und außerdem hält mich eine eigentümliche Scheu zurück. Ich kann nicht bei Sauerbraten und Klößen über einen Mann reden, der ein Kerl war mit dem Herzen eines Helden und der durch mich gefallen ist.

Ja, nun bin ich zu Hause. Man taucht in dieses Gefühl ein wie in ein warmes Bad, alles entspannt sich, man schläft lange, ißt viel und läßt sich verwöhnen. In die Stadt gehe ich selten in den ersten Tagen. Was soll ich da? Meine Kameraden stehen im Felde, viele sind schon tot, und so unter Fremden herumflanieren mag ich nicht. Nur zum alten Bergen müßte ich eigentlich gehen, aber vor diesem Besuch graut mir. Der alte Mann soll über die Nachricht von Ottos Absturz schwermütig geworden sein. Was kann ich ihm zum Trost sagen? Wahrhaftig, es ist leichter, zu kämpfen, als untätig dazustehen und auf die Wunden zu schauen, die dieser Krieg geschlagen hat.

Zum Arzt muß ich jeden Tag. Er ist nicht sehr zufrieden mit dem Heilverlauf. Ich lasse ihn reden, jetzt berührt mich das nicht mehr so wie das erstemal. Eines Morgens, als ich gerade von einer Konsultation zurückkomme, treffe ich Lo im Hofgarten. Wir kennen uns von früher, so wie sich junge Leute eben kennen. Wir haben ein paarmal zusammen getanzt, mit anderen gemeinsam Ausflüge gemacht.

Wir gehen nebeneinander her. In ihrem zart gemusterten, waschseidenen Kleid sieht sie aus, als sei sie heute morgen frisch aufgeblüht. Wenn man sie ansieht, glaubt man nicht, daß es überhaupt so etwas wie Krieg geben kann. Aber dann erzählt sie, daß sie als Hilfsschwester in einem Lazarett tätig ist. Auf ihrer Station liegt ein Mann mit einem Schuß im Rückenmark, der seit Monaten stirbt. Alle paar Wochen kommen die Verwandten angereist, nehmen Abschied von ihm, und dann lebt er weiter. Aber sterben muß er, sagen die Ärzte.

Sie sieht mich erstaunt an, als ich sie schroff unterbreche: »Wollen wir nicht lieber von etwas anderem reden?«

Eine Weile ist sie beleidigt. Sie schiebt dabei die Unterlippe vor und sieht aus wie ein Kind, dem man ein Stück Schokolade weggenommen hat. Vor ihrem Hause versöhnen wir uns wieder und verabreden, daß wir uns am Abend im »Ratskeller« treffen wollen.

Nachmittags gehe ich zu Bergens. Länger kann ich den Besuch nicht mehr aufschieben. Das Mädchen führt mich gleich ins Wohnzimmer, wo der alte Bergen hinter einer Zeitung sitzt. Er ist ganz allein, Hans und Claus stehen im Felde, und seine Frau ist längst tot. Er läßt das Blatt sinken und sieht mich über seine Kneifergläser hinweg an. Sein Gesicht ist erschreckend alt geworden, ganz tot, der weiße Spitzbart hängt wie ein verschneiter Eiszapfen herunter.

Wie arm ist man vor dem Schmerz eines anderen! »Ich wollte...« sage ich...»wegen Otto...« stammele ich.

Er winkt ab.

»Laß gut sein, Ernst, du wolltest Otto noch mal besuchen.« Er steht auf und schüttelt mir die Hand. »Komm!«

Er öffnet die Tür und steigt vor mir die Treppe hinauf. Wir stehen in Ottos Zimmer, dem Mansardenstübchen, das er als Schüler bewohnt hat.

»So«, sagt der alte Bergen und deutet mit einer flattrigen Handbewegung ringsum. »Du kannst dir das alles ansehen.«

Dann dreht er sich um und geht hinaus, seine Schritte klopfen immer matter die Treppe hinunter. Ich bin allein mit Otto.

In der kleinen Stube ist alles noch wie damals. Auf dem Vertiko und auf dem Bücherbrett stehen die Flugzeugmodelle, die Otto selbst gebaut hat. Sie sehen wunderbar aus, diese Modelle, alle bekannten Typen von damals sind vertreten, bis ins kleinste genau nachgebildet, aber wenn sie fliegen sollten, sackten sie nach unten weg wie Steine. Vor zehn Jahren war das.

München 9 Januar 1911

Das offizielle Fliegerzeugnis
des Aero-Club München wurde
von
Herrn Ernst Udet, Aviatiker

auf einem von der „M.G.N."
gebauten „Dorner Eindecker"
erworben. Derselbe legte die
vorgeschriebene Strecke von 3m
im Beisein des 1. Vorsitzenden
und des Schriftführers zurück.

München im Januar 1911

1. Vorsitzender: W. Götz.
Schriftführer: Otto Borgau.
Aviatiker Claus Bergen

Ich trete an das Kinderpult mit der grünen, tintenbefleckten Bespannung und schlage den Deckel hoch. Ja, da liegen sie noch, die blauen Schulhefte, die Tagebücher des »Aero-Club

München 1909«. Zwischen zehn und dreizehn Jahre waren die Mitglieder alt. Jeden Mittwoch war gemeinsamer Modellbau auf unserem Speicher, jeden Sonnabend großes Flugmeeting am Stadtbach oder an der Isar. Ottos Apparate sahen immer am schönsten aus, aber meine, häßlich wie nasse Spatzen, flogen am weitesten. Irgendwie hatte ich den Kniff weg. Und alles hatte er, der Schriftführer des Klubs, in seiner sauberen, schönen Kinderhandschrift aufgezeichnet. »Der Aviatiker Herr Ernst Udet erhielt den ersten Preis für die gelungene Kanalüberquerung seines Modells » U II« steht da, denn meine Type war ohne Havarie über die Isar hinweggeflogen.

Es liegt alles so ordentlich nebeneinander, als hätte er aufgeräumt, bevor er für immer wegging.

Da sind die Briefe, alle Briefe, die ich ihm geschrieben habe, in kleine Bündel gepackt und mit Jahreszahlen versehen. Ganz obendrauf liegt der letzte. Der Umschlag ist noch zu. Es steht darin, daß es mir endlich gelungen ist, ihn für meine Staffel freizubekommen. »Hurra, Otto!« schließt der Brief.

Da liegen die Zeichnungen, die rechte Hälfte hat immer er gemacht, die linke ich, dort die Photographien… Alle Bilder sind beisammen, von den ersten dummen Kinderbildern an. Sogar den »Flugtag von Niederaschau« hat er aufgehoben. Ich sprang mit dem ersten, selbstkonstruierten Gleitflugzeug des Aero-Clubs in die Luft, stürzte zur Erde, der Vogel brach sich den Schnabel, und Willi Götz, unser Vorsitzender, erklärte den Niederaschauern, der Erdmagnetismus in ihrer Gegend sei zum Fliegen zu stark. Dann Gruppenbilder aus der Zeit der ersten Tanzstundenliebe, und dann der Krieg, und wieder ich als Motorradfahrer, im ersten Fliegerdreß, nach dem ersten Abschuß. Unter jedem Bild das Datum und in Rundschrift mit weißer Tinte die Inhaltsangabe. Er hat mein Leben mitgelebt.

Es ist etwas Seltsames um eine Jungensfreundschaft. Wir hätten uns eher die Zungen abgebissen, als auch nur mit einem Wort angedeutet, daß wir uns gernhaben. Erst jetzt sehe ich alles vor mir. Ich klappe den Pultdeckel zu und steige die Treppe hinunter. Der alte Bergen sitzt schon wieder hinter seiner Zeitung. Er steht auf und gibt mir die Hand, eine Hand ohne Druck und Wärme.

»Wenn du etwas von Ottos Sachen haben willst, Erni«, sagt er, »du kannst dir nehmen, was du magst. Er hat dich ja am liebsten von seinen Freunden gehabt.«

Er wendet sich ab und beginnt, an seinem Klemmer zu putzen. Ich habe keinen Klemmer, mir laufen ein paar Tränen übers Gesicht. Eine Weile stehe ich noch allein im Treppenhaus, ehe ich auf die Straße hinaustrete.

Ich war einundzwanzig Jahre alt damals, und Otto Bergen war mein bester Freund.

Am Abend treffe ich mich mit Lo im »Ratskeller«. Ich habe Zivil angezogen, für einen Abend möchte ich vergessen, daß Krieg ist. Aber Lo ist gekränkt. Ich sehe nicht heldenhaft genug aus.

Wir essen zähes, sehniges Kalbfleisch und große, blauschimmernde Kartoffeln, die aussehen, als wenn sie blutarm wären und zu lange im Wasser gelegen hätten. Nur der Wein ist voll reifer Süße, ihm merkt man nichts vom Kriege an.

Eine alte Frau mit Rosen kommt vorbei. Lo schielt nach den Blumen. »Laß doch«, sage ich leise, »die sind ja doch alle gedrahtet.« Aber die Alte hat's gehört, setzt ihren Korb hin und baut sich vor uns auf:

»Dös hob i fei gern«, kreischt sie und bohrt die Arme in die Hüften, »so an fans Herrl, sitzt do herum, geschniegelt, und will an alten Weiberl dös Brot bespein, In dene Schitzengrabn gehörns, junger Herr, dös sag i Eahne!«

An den Nachbartischen ist man aufmerksam geworden und guckt zu uns herüber. Wenn ich ein Drückeberger wäre, wäre die Sache verdammt peinlich. So macht's mir Spaß. Aber Lo ist rot geworden bis unter die Stirnhaare.

»Na«, sage ich zu der Alten, »dann geben Sie mal zwei Sträuße her!«

Die Veränderung ist wunderbar. Der Zorn verrauscht wie ein Theatergewitter, das Gesicht ist in süße Freundlichkeit getaucht. Eilig kramt sie in ihren Sträußen.

»No, nix für ungut, junger Herr«, brabbelt sie, »dös siacht ja a Blinder, daß Sie vui z' jung san für draußt. Dös redt ma halt so in san Zorn daher. Do haßt's bloß herschaun«, wendet sie sich an die Umsitzenden, »dös muß ja an Kind segn, daß dös Buberl grad gefirmt is...«

Ich winke ab. Lo hat eine böse kleine Falte zwischen den Augenbrauen. »Wie ein Konfirmand!« stößt sie hervor.

Ich ergreife ihre Hand, die schmal und braun auf der weißen Tischdecke liegt.

»Weißt du«, sage ich, »ich möchte einmal mit dir allein sein, ganz weit weg von allem.« Es ist ein Angriff aus der Sonne heraus. Sie ist überrascht, ich kann fast die Gedanken hinter ihrer runden Kinderstirn arbeiten sehen.

»Wir müßten wegfahren«, erkläre ich, »irgendwohin, ins Freie. Vielleicht an den Starnberger See. Gustav Otto hat mich eingeladen. Oder weiter hinauf in die Berge.« Und ich setze ihr auseinander, wie ich mir das denke: »Ganz frei sein von allen Bindungen, in der Natur leben, so als ob man auf einem anderen Stern wäre.«

Zuerst lächelt sie, dann zieht sie die Lippen schmal zusammen.

»Aber das geht doch nicht...was sollen meine Eltern dazu sagen?«

»Verzeih, bitte«, sage ich, »ich habe draußen Tanz und Anstand vergessen.«

Wir gehen. Es ist eine feuchtwarme Nacht. Der Wind rauscht in den Baumkronen. Unter einer Laterne bleibt sie stehen, streicht mir über den Arm:

»Du mußt nicht böse sein...«

Ich zucke die Achseln: »Böse? Nein!«

Doch ich habe das Gefühl, daß irgend etwas nicht stimmt. Unter uns da draußen ist alles anders geworden. Das, was einmal wichtig war, gilt fast nichts mehr. Andere Dinge machen unser Leben aus. Hier aber sind sie stehengeblieben. Ich kann das nicht so in Worte fassen, aber ich habe plötzlich Sehnsucht nach meinen Kameraden.

Los Eltern wohnen bei den Propyläen. Am Gatter des Vorgartens bleibt sie stehen, aber ich verabschiede mich schnell mit einem korrekten Handkuß.

Die Tage darauf gehe ich allein aus. Ich bin in einer scheußlichen Stimmung. Raus kann ich noch nicht, der alte Arzt ist mir saugrob gekommen, als ich davon anfing. Und hier fühle ich mich so verdammt überflüssig.

Wenn ich abends heimkomme, schlafen die Eltern schon.

Eines Abends aber sind noch alle Fenster bei uns hell. Ich laufe die Treppe hinauf, die Korridortür öffnet sich von selbst, und im Türrahmen erscheint Mutter. Ihr Gesicht ist rot und glänzend vor Freude, in der Hand schwenkt sie ein Stück Papier. Ein Telegramm ist eingetroffen, ein Telegramm vom Geschwader. Sie haben's aufgemacht. Ich habe den Pour le mérite bekommen.

Ich freue mich, ich freue mich wirklich, obwohl es mir nicht ganz so überraschend kommt. Denn mit einer bestimmten Zahl von Abschüssen fällt auch der Pour le mérite. Schon beinah automatisch. Aber die richtige, tiefinnerliche Herzensfreude entzündet sich am Glück meiner Mutter. Sie ist ganz außer Rand und Band, sie hat alle gezwungen, aufzubleiben und auf mich zu warten. Sogar meine kleine Schwester. Die hat den Pour le mérite aus Papier geschnitten, einen Zwirnsfaden durchgezogen und hängt mir jetzt ihren Orden um den Hals. Ganz kleine Augen hat sie vor Schlaftrunkenheit.

Mein Vater gibt mir die Hand. »Gratuliere, Junge!« sagt er, sonst nichts. Aber er hat eine Flasche Steinberger Kabinett aufgemacht, 1884, ein Heiligtum der Familie. Das sagt mehr als Worte. Der Wein ist goldgelb und dickflüssig wie Öl, das ganze Zimmer duftet danach. Wir stoßen an.

»Auf den Frieden, auf einen guten Frieden!« sagt mein Vater.

Am nächsten Morgen, im Bett, denke ich an Lo. Wenn ich jetzt den Pour le mérite dahätte, würde ich ihn umtun und mich mit ihr verabreden, ganz so, als wenn nichts geschehen wäre. Ich springe aus dem Bett, ziehe mich schnell an und gehe in die Stadt.

Auf der Theatinerstraße weiß ich ein Ordensgeschäft. Der Verkäufer zuckt die Achseln: »Pour le mérite? – Nein! Zu wenig gefragt.« Es ist schade, sehr schade. Ich hatte mir die Überraschung für Lo so nett gedacht. Aber bis der Orden von der Truppe ankommt, dauert's wenigstens vierzehn Tage.

Langsam schlendere ich durch die Straßen nach Hause zurück. Grüße mechanisch Soldaten und Offiziere, die vorbeigehen. Ein Marineoffizier, der U-Boot-Kommandant Wenninger. An seinem Hals, in der Sonne funkelnd, der Pour le mérite.

Es ist der Einfall eines Augenblicks. Ich trete auf ihn zu, grüße: »Verzeihung, haben Sie vielleicht noch einen zweiten Pour le mérite?«

Er sieht mich an wie einen Gestörten. Ich kläre ihn auf. Er lacht furchtbar, beschämend laut und lange. Nein, einen zweiten hat er nicht vorrätig. Aber er gibt mir die Anschrift eines Berliner Geschäfts, wo man ihn sicher bekommt. Sogar telegrafisch kann man ihn dort bestellen. Ich danke verlegen und grüße förmlich.

Zwei Tage später kommt der Orden aus Berlin an. Er liegt in einem rotsamtnen Kästchen wie ein Stern. Ich rufe Lo an. Wir wollen uns wiedersehen. Sie lacht, ist gleich bereit.

Im Stechschritt marschiere ich vor dem Zaun ihres Hauses auf und nieder. Da kommt sie. Sie sieht den Stern an meinem Halse sofort, »Erni« ruft sie, hüpft wie ein Vogel, der anfliegen will, und läuft auf mich zu. Mitten auf der Straße, vor allen Leuten, fällt sie mir um den Hals und gibt mir einen Kuß.

Es ist ein heller, sonniger Frühlingsmorgen. Nebeneinander gehen wir langsam mit schlenkernden Gliedern auf die Innenstadt zu. Wenn uns Soldaten begegnen, grüßen sie besonders stramm. Die meisten drehen sich um. Lo zählt: von dreiundvierzig haben sich siebenundzwanzig umgedreht.

Wir bummeln die Theatinerstraße entlang. Sie ist die Aorta der Stadt, von ihr scheint alles Leben auszugehen und durch sie zurückzuströmen. Vor der Residenz steht ein Posten, ein kleiner Landsturmmann mit Seehundsbart und Knopfnase. Plötzlich schreit er mit einer Stimme, die man in seinem winzigen Brustkasten nie vermuten würde:

»Wache rrraus!«

Wie die Waldteufel flitzen die Leute raus. »Angetreten!« kommandiert der Offizier. »Stillgestanden!... Das Gewehr über!... Achtung! Präsentiert das Gewehr!«

Ich sehe mich um. Niemand ist in der Nähe. Da fällt mir der Pour le mérite ein. Und schon im Abgehen danke ich. Der Gruß fällt sehr kümmerlich aus, allzu überhastet und ohne jede Würde.

»Was war denn das?« Lo sieht mich mit großen Augen an.

»Gott«, sage ich möglichst obenhin, »vor dem Pour le mérite hat eben die Wache ins Gewehr zu treten.«

»Is nit wahr!«

»Is doch wahr!«

»Gut, dann probier's doch noch mal!«

Erst sträube ich mich ein bißchen, aber dann willige ich ein. Schließlich bin ich mir selbst meiner Sache nicht ganz sicher.

Diesmal sind wir auf alles vorbereitet und gehen in guter Haltung den Ereignissen entgegen. »Wache rraus!« schreit der Posten. Im gleichen Augenblick angelt Lo meinen Arm. Und huldvoll nickend schreitet sie an meiner Seite die kleine Front ab.

Frauen sind unersättlich in ihrer Eitelkeit. Wenn es nach ihr ginge, würden wir den Rest des Vormittags damit zubringen, die Wache raus und reintreten zu lassen. Aber da streike ich. Die Wachtruppe ist kein Spielzeug für kleine Mädchen. Lo schmollt.

Es sind Tage wie aus blauer Seide, nie wieder habe ich einen solchen Frühling erlebt.

Wir treffen uns jeden Tag. Spazieren durch den Englischen Garten trinken Kaffee oder gehen ins Theater.

Der Krieg ist jetzt sehr, sehr weit entfernt. Einmal sehen wir am Theater eine Menschenmenge vor einem Maueranschlag stehen. »Sicher wieder eine Siegesnachricht«, sage ich, und wir treten herzu.

In diesem Augenblick trifft mich ein Schlag vor die Brust, mitten aufs Herz.

»Rittmeister Freiherr von Richthofen vermißt!« steht da. Die Buchstaben werden unsicher vor meinen Augen. Ich sehe niemanden mehr, ich achte auf keinen Menschen, ich arbeite mich mit Ellenbogenstößen rücksichtslos durch die Menge in die erste Reihe vor. Fünfzig Zentimeter vor mir klebt das gelbweiße Papier an der grauen Mauer. »Vom Feindflug nicht zurückgekehrt«, lese ich … »Nachforschungen bisher ergebnislos.«

Und da weiß ich, weiß mit untrüglicher Sicherheit, daß der Rittmeister tot ist.

Welch ein Mann war das! Gewiß, auch die anderen kämpften. Aber sie hatten Frauen zu Hause, Kinder, eine Mutter oder einen Beruf. Nur in seltenen Augenblicken konnten sie das vergessen. Er aber lebte beständig jenseits der Grenze, die wir nur in unseren großen Augenblicken überschritten. Sein Leben war ausgelöscht, wenn er kämpfte. Und er kämpfte immer, wenn er an der Front war. Essen, trinken, schlafen, das war alles, was er dem Leben freigab. Das, was notwendig war, um diese Maschine aus Fleisch und Bein in Gang zu halten. Er war der einfachste Mensch, den ich kannte. Ganz preußisch. Und der größte Soldat.

Eine Hand schiebt sich behutsam in meine. Für Sekunden hatte ich Lo ganz vergessen.

»Wenn du noch rausfahren magst, will ich gern mitkommen«, sagt sie. Dabei sieht sie mich an, als ob ich morgen sterben müßte. Schon am nächsten Tag fahren wir an den Starnberger See. Das Laub ist früh heraus dieses Jahr, alle Büsche und Bäume sind von hellem Grün überschäumt. Wir wohnen bei Gustav Otto und seiner Frau. Es sind natürliche Leute von offener Herzlichkeit. Sie kennen und respektieren das oberste Gebot der Gastfreundschaft. Sie zwängen uns nicht in ihren Haushalt, sie lassen uns ganz nach unserem Geschmack leben.

Morgens reiten wir oder rudern auf dem See, und den Tag über strolchen wir durch die Wälder. Wir waten durch das welke Laub vom vorigen Herbst, und oben an den Zweigen flammt schon wieder das neue Grün. Es ist wirklich so, als ob es keinen Krieg gäbe. Wenn wir alle tot sind und vergessen, werden diese Bäume weitergrünen, Früchte tragen und welken.

Und doch, und doch … Manchmal, wenn wir so nebeneinander im Gras liegen und in den Himmel starren, ertappe ich mich dabei, wie ich mit Blicken die dicken Bäuche der Kumuluswolken abtaste. Ob da nicht im Sturzflug einer rausstößt? Und morgens beim Aufwachen gehen meine Augen zuerst nach dem Himmel. Was für ein Flugwetter wohl sein mag?

Oberleutnant Löwenhardt, Führer der Jagdstaffel 10

Die ersten fünf Tage habe ich keine Zeitung gelesen, aber jetzt gehe ich dem Briefträger immer schon ein Stück entgegen. Es muß toll zugehen draußen. Und das Geschwader ist mitten im dicksten Schlamassel drin. Löwenhardt holt fast jeden Tag einen, er ist jetzt bei Siebenunddreißig. Und als ich abfuhr, hatten wir gerade gleichgezogen. Sicherlich werden wir auch große Verluste haben.

Es ist Mittag, und Lo und ich sind im Boot. Mitten auf dem See.

»Weißt du«, sage ich nachdenklich, »manchmal wünsche ich, ich wär erst wieder draußen.« Es ist das erstemal, daß ich darüber spreche.

Lo läßt die Steuerleine los und starrt mich an. Ihre Lippen zittern.

»Also so wenig lieb?« sagt sie.

Nein, sie hat mich nicht verstanden. Ich stehe auf, tappe nach hinten. Das Boot schaukelt mächtig. Ich gebe ihr einen Kuß. Mir ist ein bißchen traurig zumute... Meine Mutter hätte mich sofort verstanden.

Das Wetter ist unwahrscheinlich schön, ein Tag leuchtender als der andere. In der dritten Woche fahre ich nach München zum Arzt. Er ist zufriedener. Die Entzündung läßt nach. »Aber Schonzeit, junger Mann, Schonzeit!« meint er behäbig.

Abends sitzen wir auf der Terrasse von Gustav Ottos Haus. Es ist Vollmond. Lo ist müde und geht früher in ihr Zimmer. Ich sitze neben Gustav Otto im Liegestuhl. Wir rauchen.

»Würdest du sehr böse sein«, frage ich, »wenn ich eines Morgens plötzlich verschwunden wäre?«

An der Feuerscheibe seiner Zigarre sehe ich, wie er den Kopf langsam nach mir hinwendet.

»Was sagt denn der Arzt?

»So weit zufrieden.«

Er schweigt eine Weile: »Ich glaube, ich würde es ebenso machen«, sagt er dann.

»Es ist gut!« Wir haben uns verstanden.

Um fünf am Morgen weckt mich Gustav Otto. Auf Zehenspitzen schleichen wir die Treppe hinab. Lo schläft noch. Unten wartet das Auto.

Der Bahnhof ist fast leer zu dieser frühen Stunde. Nur ein paar Marktfrauen warten mit mir auf den Zug. Es sieht nach Regen aus, der erste trübe Tag seit Wochen. Der Morgen kommt nur mühsam über die Berge.

Ich fahre zurück zur Front.

Von nun an hieß mein Flugzeug »Lo«

Das Ende

Das Geschwader liegt in Monthussart-Ferme. Gegen Mittag komme ich an und gehe gleich ins Kasino. Viel neue Gesichter da. Hackenklappen, gemurmelte Namen. An der Tafel manches Wiedersehen. Gluczewski, Maushacke, Rauter von Prestins blonder Schopf, Drekmann. Man grüßt, man nickt, man trinkt sich zu.

Manchen suchen die Augen vergebens, aber über die, die fehlen, wird nicht gesprochen.

Nach Tisch nimmt mich Reinhard beiseite. Er trägt den Geschwaderstock, den Stock des toten Rittmeisters, der sich auf jeden neuen Kommandeur vererben soll.

»Sie wissen schon, Udet«, fragt Reinhard.

Ich nickte.

»Wenn Sie wollen, fahren wir mal hin.«

Hochsommertag, Mittagsstille. Die Pappeln am Wege zittern in der Hitze wie in flüssigem Glas. Der Wagen liegt ruhig und gut auf der Straße.

Nach dem Absprung mit dem Fallschirm wieder bei der Staffel, 28. Juni 1918. Rechts mein Kamerad Drekmann

Auf einer kleinen Anhöhe rechts ein Kirchhof. Wir steigen aus, Reinhard geht voran, durch das schmiedeeiserne Tor, durch die engen Gassen zwischen den Gräberreihen.

Vier frisch aufgeworfene Hügel, vier eckige Tafeln, darüber ein Kreuz aus zerschlagenen Propellern. »Flugzeugf. Unteroffiz. Robert Eisenbeck«, »Leutnant Hans Weiß«, »Leutnant Edgar Scholtz«, »Leutnant Joachim Wolff«, steht auf den Tafeln.

Reinhard grüßt, ich grüße.

»Sie haben einen guten Tod gehabt«, sagt er.

Wir stehen lange so. Dann fahren wir zum Geschwader zurück.

Es ist anders geworden hier draußen.

Die Franzosen fliegen fast nur noch in großen Verbänden, fünfzig Einheiten, manchmal hundert. Wie Heuschreckenschwärme verdunkeln sie den Himmel. Schwer, einen da herauszuschießen.

Auch die Artillerie drüben arbeitet jetzt meist mit Luftbeobachtung. In langen Reihen stehen die Fesselballons am Horizont, und über der toten Kraterlandschaft des Trichtergeländes kreisen unablässig die Beobachtungsflugzeuge. Die Truppe leidet schwer...

LIEUTENANT UDET

As des as boche actuel choisi pour remplacer Richthofen et dépasser Fonck : 40 victoires !

Zeitschriftenausschnitt, gefunden in der Brieftasche eines abgeschossenen französischen Jagdfliegers

Ich liege noch im Bett, als das Telefon schrillt. Schlaftrunken tappe ich nach dem Hörer. Ein Artilleriehauptmann von vorn. Nördlich des Waldes von Villers-Cotterets steht ein Bréguet, leitet feindliches Feuer. Die Wirkung ist furchtbar.

»Wo ist das?«

Er nennt das Planquadrat der Generalstabskarte.

»Wir kommen!« Ich hänge ab.

Die anderen sind alle unterwegs, ich habe keinen Dienst an diesem Morgen. Aber feste Dienststunden gibt es schon lange nicht mehr, wir müssen starten, wenn eine Anforderung kommt.

In fünf Minuten bin ich fertig und fliege ab. Die Front rast an diesem Tag. Die Granateinschläge sausen so dicht nebeneinander in die Erde, daß Rauch, Staub und aufspritzende Schollen einen Vorhang bilden, der sich wie ein Schleier über die Sonne legt. Die Landschaft unter mir verschwimmt in einem fahlen, braunen Dunst.

Nördlich des Waldes von Villers-Cotterets treffe ich den Bréguet, etwa sechshundert Meter hoch. Ich greife ihn sofort an von hinten aus gleicher Höhe.

Beim Bréguet sitzt der Beobachter hinter dem Piloten. Deutlich sehe ich seinen Kopf über dem Maschinengewehrkranz aufragen. Doch er kann nicht schießen, solange ich direkt hinter ihm bleibe. Seitensteuer und Leitwerk seines eigenen Apparats versperren ihm das Ziel.

Mein MG. bellt eine kurze Serie heraus. Der Kopf über dem Maschinengewehrkranz verschwindet. »Getroffen«, denke ich.

Jagdgeschwader
Frhr. v. Richthofen №1.
Jagdstaffel 4.

Flughafen, am 29.9.18.

Luftkampfbericht.

1. Zeit (Tag, Stunde und Minute): 26.9.18   5,20 Uhr nachm.

2. Ort (Absturz oder Landestelle des Gegners): südl. Metz,   diesseits.

3. Flugzeugart: D. H. 9.

4. Besondere Kennzeichen und Staatsangehœrigkeit des Gegners:

5. Besondere Kennzeichen des eigenen Flugzeugs: Fokk.D.VII.4253.
   Rumpf rot, an den beiden Rumpfseiten Buchstaben " LO "

6. Namen und Schicksal der Insassen des feindlichen Flugzeugs: tot.

7. Hergang des Luftkampfes: Nach Abschuss des ersten D.H.9 griff ich das Geschwader, das nur noch aus 5 oder 4 Einheiten bestand und sich auf dem Rückflug befand, erneut an. Ich schoss den mittleren D.H.9 erst stinkend und sofort darauf brennend. Der Brand liess teilweise nach und fachte wieder auf. Der Absturz erfolgte in Gegend südl. Metz

Udet

Oblt. u. Führer

Zeugen des Luftkampfes:

Oblt. Göring, Jagdgeschw. Frhr. v. Richthofen
"   v. Wedel, Jagdstaffel 11
" Frhr. v. Boenigk, Jagdgeschwader II.
Lt. d. R. Koepsch, Jagdstaffel 4
"   v. Radzack,
Flugmelde-Offizier Flakgruke 39. . . . .

An
     Jagdgeschwader Frhr. von Richthofen No. 1

     Vorstehenden Bericht des Oblt. d. R. U d e t mit der Bitte überreicht, die Anerkennung des Abschusses als 62. Luftsieg, 185. Sieg Jagdstaffel 4 höheren Orts erwirken zu wollen.

Udet

Oberlt. d. R. und Führer.

Abschrift der Zeugenberichte zum Abschuss eines
D.H.9 am 26.9.18.

26.9.18.

Ich beobachtete gegen 5,15 Uhr wie die rote Maschine des
Oblt. U d e t erst einen D.H.9 abmontierend und kurz
darauf einen zweiten D.H.2 brennend zum Absturz brachte.
Gegend südöstl. Metz.

gez. Göring, Kdr.
des Jagdgeschw.Frhr.von Richthofen.

Ich beobachtete wie am 26.9.18 gegen 5,10 nachm. die hell-
rote Maschine des Oblt. U d e t zuerst westl.Metz einen
D.H.9 abschoss; er ging herunter und montierte ab. Oblt.
U d e t griff dann das fdl.Geschwader von neuem an,worauf
ein D.H.9 brennend südöstl. Metz abstürzte.

gez. v.Wedel,Oblt.
Jagdstaffel 11.

Ich sah vom Flugplatz Tidémont mit Scheerenfernrohr am
26.9.18 gegen 5,15 abends, wie ein roter Fokker innerhalb ei-
niger Minuten 1 D.H.9 brennend und 1 D.H.9 abmontierend abschoss.

26.9.18

gez.Frhr.v.Boenigk,Oblt.
Kdr.d.Jagdgeschwaders II.

Ich sah vom Boden aus, wie Oblt. U d e t ein Bombengeschwa-
der angriff und 2 D.H.9 abschoss. Die rote Maschine war vom
Boden gut zu erkennen, desgl.auch das Schiessen.Oblt. Udet
war auf ganz dichte Entfernung heran. Der erste zerplatzte
beim Anflug, der zweite brannte beim Rückflug.Zeit: gegen
5,00 Uhr.
26.9.18.

gez. Koepsch. Lt.d.R.
Jagdstaffel 4.

Am 26.9. 5,00 nachm.griff die rote Maschine einen D.H.9 an,
der sich rechts hinten am Geschwader befand. Der D.H.9 kippte
senkrecht, fing sich nach 200 m, überschlug sich und montierte in Gegend Monteningen ab.Darauf griff die rote Maschine
das Geschwader von vorne an und schoss einen brennend.

gez. v.Radzack,Leutnant.

Am 26.9.18 nachmittags 5,10 sah ich, wie Oblt. U d e t aus
einem engl.Bombengeschwader einen D.H.9 aus nächster Nähe angriff und beschoss, worauf das fdl.Flugzeug steil herabfiel
und abmontierte, die Trümmer fielen in Gegend Mühlen.

gez. Bendur, Lt.d.R.
Jagdstaffel 4.

Wir griffen gestern abend 5,10 Uhr ein.fdl.Bombengeschwader
auf dem Anflug nach Metz an. Ich sah, wie Oblt.Udet, der als
Erster heran war, einen D.H.9 angriff. Der Gegner kippte
nach wenigen Schüssen seitwärts und flog stinkend in der Rücken-
lage schräg abwärts. Der Beobachter stürzte heraus. Nach wenigen
Augenblicken zerplatzte der D.H.9.

gez. Kraut, Lt.d.R.
Jagdstaffel 4.

Der Führer des Bréguet scheint ein verdammt schneidiger Bursche zu sein. Obwohl ich ihn immer weiter unter Feuer halte, dreht er mit seinem schwerfälligen Vogel einen eleganten Turn und sucht mit Richtung Heimat zu entkommen.

Ich muß ihn von der Seite her packen, um ihn selbst oder den Motor zu treffen. Wenn der Beobachter noch lebte, wäre es ein schwerer Fehler, denn ich flöge ihm direkt in sein Maschinengewehr hinein.

Auf zwanzig Meter bin ich heran, da taucht der Beobachter auf, hinter seinem MG., schußbereit. Im nächsten Augenblick kracht und prasselt es um mich her, als wenn Kiesel auf einen Gartentisch fallen. »Gontermann!« denke ich. Mein Fokker bäumt sich auf wie ein scheuendes Pferd und fällt dann wippend nach unten durch. Das Höhenleitwerk zerschossen, Verwindung am Fuß des Knüppels getroffen, ein Kabel flattert lose im Propellerwind.

Krankgeschossen, lahmgeschossen! Die Maschine hängt links, Steuerung unmöglich. Sie fliegt im Kreise, immerzu im Kreise. Unter mir das Trichtergelände, das wieder und wieder von neuen Einschlägen aufgerissen wird.

Es gibt nur eine Möglichkeit, zurückzukommen. Jedesmal, wenn der Fokker nach Osten fliegt, gebe ich vorsichtig Gas. Dadurch schwingt der Bogen weiter aus, dadurch kann ich hoffen, mich bis an unsere Linien heranzutasten.

Qualvoll langsam geht das.

Plötzlich stellt sich die Maschine köpf und saust senkrecht wie ein Stein auf die Erde zu.

Fallschirm – Beine anziehen – auf den Sitz stellen! Im nächsten Augenblick schleudert mich der Luftdruck nach hinten. Ein Schlag im Rücken, ich hänge fest am Seitenruder. Der Fallschirmgurt, in der Eile des Starts zu locker geschnallt, hat sich am Ausgleichslappen festgehakt. Die stürzende Maschine reißt mich mit rasender Gewalt hinter sich her.

»Lo wird weinen...« denke ich, »Mutter... man wird mich nicht erkennen... keine Papiere mit... die schießen unten wie toll...«

Zugleich versuche ich mit aller Kraft, den Ausgleichslappen wegzubiegen. Es geht schwer, furchtbar schwer. Die Erde rast auf mich zu. Da – ein Ruck – ich bin frei! Die Maschine saust unter mir weg. Noch ein Ruck. Ein scharfer Riß geht durch den Leib, ich hänge wie ein Schwimmer im Fallschirmgurt. Gleich darauf ein Schlag – ich bin gelandet. Im letzten Augenblick hat sich der Fallschirm geöffnet.

Der Schirm bauscht sich über mir. Um mich her krachende Einschläge. Ich kämpfe wie ein Ertrinkender unter Wasser gegen die weiße Leinwand. Endlich komme ich frei.

Ödes Trichtergelände. Zwischen den Fronten muß ich sein, wo, weiß ich nicht. Nur eins: nach Osten laufen, dort winkt die Heimat.

Es ist gegen acht Uhr. Die Sonne im Osten schimmert so matt, wie ausgeglüht. Von hier unten ist der Vorhang der Explosionen noch dichter.

Ich hake den Fallschirm aus und laufe. Die Einschläge kommen näher, als wollten die Granaten ein Wettrennen mit mir machen. Eine große Erdscholle dröhnt mir an den Hinterkopf wie eine Faust. Ich stürze zu Boden, raffe mich auf, laufe weiter. Das rechte Bein schmerzt, ich muß es mir bei der Landung verstaucht haben.

Ein Trichter, ein paar flache, französische Stahlhelme. Bin ich noch hinter der feindlichen Front? Die Soldaten kehren mir den Rücken zu und sehen nach Osten. Sie liegen regungslos. Vielleicht sind sie tot.

Es ist besser, ich umgehe sie. Ich tauche in ein Getreidefeld unter, die Halme sind schon fast mannshoch. Gebückt laufe ich hindurch, den Hang hinauf, der sanft nach Osten ansteigt.

Das Feld ist sehr lang, aber einmal hat es ein Ende. Durch die grüne Gardine der Halme halte ich Ausschau.

Ein Offizier steht da, hoch aufgerichtet.

»Erstes... Feuer!« kommandiert er. Das Aufbrüllen eines Geschützes antwortet. Ich richte mich auf, winke ihm. Er winkt zurück, ich laufe auf ihn zu.

»Zigarette«, sage ich mit trockenen Lippen. Er grüßt. »Bayer«, stellt er sich vor, während er sein Etui zückt. »Udet.« Für einen Augenblick ist das Trommelfeuer ausgelöscht, Macht einer Erziehung, die selbst der Krieg nicht lockern kann.

»Zweites fertig?« schreit er. »Fertig!« dröhnt's unten aus den Geschützständen zurück. »Zweites... Feuer!« Die Erde zittert unter der Detonation.

Er reicht mir ein Zündholz. Mit langem, durstigem Zug sauge ich den Rauch ein.

»Habe Ihren Absprung beobachtet, Herr Kamerad«, sagt er, »dolle Sache das. Drittes fertig?«

Ich frage ihn nach dem Weg zu den rückwärtigen Stellungen. Er deutet mit dem Daumen über die Schulter auf die Höhen von Cutry.

Ich danke ihm, laufe humpelnd weiter. Eine neue Feuerzone. Wieder rücken mir die Einschläge dicht auf den Leib. Einmal wirft mich der Luftdruck zu Boden.

Ein Unterstand, davor ein brennendes Feuer, Schutz gegen Gas. Drin, im Unterstand, ein Durcheinander von Offizieren und Mannschaften. Ich wende mich an einen Telefonisten, er soll mich mit dem Geschwader verbinden.

»Der Udet«, schreit jemand hinter mir, »der Erni!« Ich drehe mich um, ein fremder Soldat. Aus seinem bleichen, harten Gesicht mit den geröteten Augenlidern spricht die Anspannung durchkämpfter Tage, durchwachter Nächte.

»Der Moser-Carl?« frage ich zögernd.

Ja, er ist's! Unter seiner Anleitung habe ich in der Fabrik meines Vaters die ersten Röhren zusammengeschweißt.

»Weißt du noch... weißt du noch...?« Die Welt um uns her versinkt. Wir stehen wieder auf dem Oberwiesenfeld, drei Jungens, Willi Götz, Otto Bergen und ich. Und Carl liegt hinter uns auf der Erde im Sonntagsstaat, kaut an einem Grashalm und schaut uns zu. Wir lassen Drachen steigen.

Otto Bergen

Ein kleines Mädchen begleitet jeden Start mit Händeklatschen. Willi Götz greift sie, fünf Rolloplane werden gekoppelt, sie wird daran gebunden, und heidi geht's hoch in die Luft. Sie schreit, als wenn sie am Spieße steckt, die Mutter kommt gerannt, wir reißen aus. Nur Otto bleibt. Er steht da und zieht langsam und vorsichtig die Drachen wieder ein. Die dicke Frau heult und haut ihm von Zeit zu Zeit eine Ohrfeige. Aber er läßt den Strick nicht los.

Hochmut kommt vor dem Fall – das Flugzeug, aus dem ich einen Tag später den Absprung mit dem Fallschirm machen mußte

»Wo ist Otto jetzt?« fragt Carl.

»Tot«, sage ich.

»Hm, auch tot«, brummt er.

Mein Gespräch kommt. Der Geschwaderwagen erwartet mich auf der Straße Soissons-Chateau Thierry. Bis dorthin soll ich mir ein Pferd vom Regimentsstab leihen.

Am Spätnachmittag steige ich wieder auf, mit einer neuen Maschine. Unter mir im Trichtergelände sehe ich den Fokker, mit dem ich mittags abgestürzt bin. Das nackte, verbrannte Gestänge ragt in die Luft. Wie ein Vogelgerippe sieht es aus.

*

Der Krieg wird härter mit jedem Tag. Wenn bei uns ein Flugzeug aufsteigt, starten drüben fünf. Und wenn einer von ihnen bei uns herunterkommt, dann stürzen wir uns über ihn her, plündern ihn aus. Denn solche Meßinstrumente, von Nickel blitzend und schillernd von gelbem Messing, gibt es bei uns schon lange nicht mehr. Wir haben diesem Überfluß nichts entgegenzusetzen als unser Pflichtgefühl und die Kampferfahrung von vier langen Jahren. Jeder Start jetzt bedeutet einen Kampf, und wir starten oft. In der Zeit vom dritten bis fünfundzwanzigsten August schieße ich zwanzig Gegner ab.

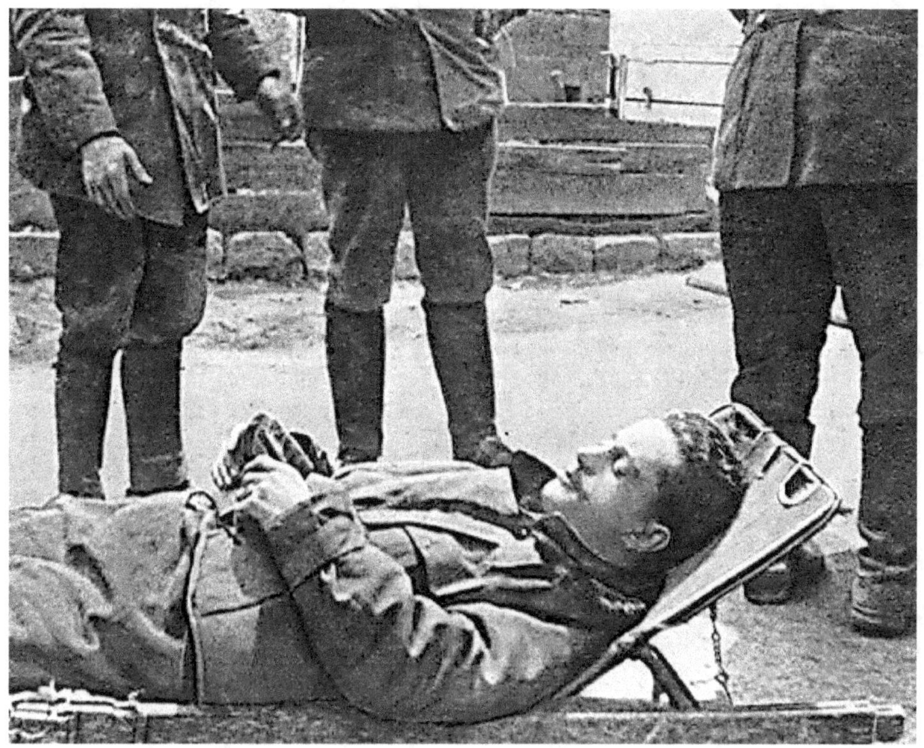

Der verwundete amerikanische Lt. Wanamaker auf der Tragbahre nach dem Abschuß

Bei einem der Toten findet man mein Bild, aus einer Zeitung vom gleichen Tage ausgeschnitten. » As des as« steht darunter. Der Rittmeister ist tot, und ich habe jetzt die meisten Abschüsse.

Am Mittag des Achten kommt der Befehl ans Geschwader: Sofort mit allen verfügbaren Maschinen hinauf zur Somme.

Dort oben tobt seit Tagen die Durchbruchsschlacht der Engländer. Es soll kritisch stehen für uns.

Vier Schwärme großer unheilbringender Vögel rauschen wir durch die Luft nach Norden zu. Je weiter wir hinaufkommen, um so deutlicher zeigt die Welt unter uns die Spuren der Schlacht. Bei Fontaine les Cappy entdecke ich einen feindlichen Infanterieflieger, der dicht über unseren Gräben entlangstreicht. Für einen Augenblick löse ich mich von der Staffel, stoße auf ihn hinunter, nehme ihn unter Feuer. Beim zwanzigsten Schuß zerplatzt er in der Luft, zerschellt neben den Gräben. Es ist fünf Uhr dreißig nachmittags.

Gegen sechs wird das Benzin bei uns knapp. Wir hatten nur geringe Vorräte, als wir abflogen. Der Nachschub war schlecht in den letzten Tagen, und an einen so weiten Überlandflug hat niemand von uns gedacht. Wir müssen landen und tanken.

Ein kleiner Flugplatz unter uns. Wie Stare ins Getreidefeld fallen wir ein. Maschine steht bei Maschine, der ganze Platz ist gepfropft voll.

Die Staffelführer lassen sich beim Kommandanten melden. Es ist ein umgänglicher Mann. Er möchte uns gern helfen, aber schließlich braucht er für seine eigenen Flieger Benzin. Er soll seine Vorräte teilen, schlagen wir ihm vor. Er zögert.

Während wir verhandeln, ist die Luft vom Brausen der englischen Motoren erfüllt. Schon auf dem Herflug wehte uns der durchdringende Rizinusdunst ihres Treibstoffs entgegen.

Ab und an taucht ein Schwarm auf und verschwindet wieder hinter Wolkenfetzen. Es ist ein kühler Sommerabend. Die schweren Wolken sind nach Osten abgezogen, ziehen ihre zerfetzten Schleppen hinter sich her über den Himmel. Nur einzelne blaue Inseln schimmern durch. »Gutes Wetter für Ballonangriffe«, denke ich.

Da stößt aus dem grauen Dunst über uns ein englischer Flieger herunter, schießt aus beiden Läufen auf unsere eng gepreßten Maschinen. Es ist ein erbärmlicher Anblick. Das Geschwader Richthofen, wie ein Hühnervolk hier unten zusammengedrängt, wehrlos ohne Benzin, darüber ein Raubvogel, der Engländer.

Ein wütender Zorn packt mich. Ich renne zu meiner Maschine und starte unangeschnallt.

Wieder rast er über uns hinweg. Ich springe ihn von unten her an. Er ist so überrascht, daß er vergißt, sich zu wehren. Zehn Schuß nur, da taumelt er, stürzt und haut dicht neben dem Flugplatz in die Erde. Tot. Es war ein englischer SE 5 mit Führerwimpel. Ich lande ohne einen Tropfen Benzin, mit stehendem Propeller. Zeit: sechs Uhr dreißig nachmittags.

Endlich haben wir vom Kommandanten des Flugplatzes den Schnaps für unsere Maschinen eingehandelt. Er reicht höchstens für zehn Minuten, gerade so lange, daß wir unseren neuen Bestimmungsort erreichen können.

Wir landen dort auf freiem Feld. Infanteristen laufen auf uns zu. Sie sind sehr froh, daß wir kommen. Die Engländer haben in der letzten Woche jeden Tag das Gelände durch Schwärme von Infanteriefliegern bestreichen lassen. Und abends, zwischen acht und neun, kommen zwei Sopwith-Camels herüber und werfen Flugzettel ab.

Einer zeigt mir so ein Ding, es hat einen schwarz-rot-gelben Rand. Angebliche Deserteure fordern die Soldaten in den Schützengräben auf, es ihnen nachzutun.

»Zwischen acht und neun, sagt ihr?«

Ich borge mir von meinen Kameraden das Benzin zusammen, starte. Die Sonne steht schon tief im Westen, umrandet die Wolken mit fahlem Gold.

Südlich von Foucaucourt treffe ich die beiden. Der eine streicht sofort nach Westen ab, der andere bleibt. Er schüttet mir von oben her einen Regen von Flugblättern ins Gesicht. Kurvenkampf. Mit seiner kleinen, leichteren Maschine kann er engere Kreise ziehen als ich mit meinem schweren Fokker D VII. Aber ich bleibe immer hinter ihm. Er will mich abschütteln, setzt kaum hundert Meter hoch zu einem Looping an. Ich folge unmittelbar. Am Scheitelpunkt sause ich unter ihm durch, der Radius meiner Umdrehung ist größer. Ich spüre einen leichten Schlag, und als ich wieder nach unten sehe, kriecht er mühsam aus den Trümmern seines Apparates heraus. Deutsche Soldaten nehmen ihn in Empfang. Ich weiß nicht, was geschehen ist. Ich kann mir nur denken, daß ich ihn beim Überfliegen gerammt haben muß. Es ist mein dritter Kampf heute. Die Uhr zeigt acht Uhr vierzig.

Drei Tage später besuche ich ihn im Lazarett von Foucaucourt. Als Revanche für seine Flugblätter nehme ich ein Kästchen Buchenlaubzigarren mit. Meine Vermutung stimmt. Im Scheitelpunkt des Loopings hat mein Fahrgestell sein oberes Tragdeck gerammt und außerhalb der Stiele geknickt. »Auf ein solches clinch fighting war ich nicht vorbereitet«, sagt er lachend. Es ist ein netter Kerl, ein langer Student aus Ontario.

Rascoe Turner überbringt mir in Los Angeles den letzten Abwurfzettel des Studenten aus
Ontario

Fünfzehn Jahre später höre ich noch einmal von ihm beim Flugmeeting in Los Angeles.
Rascoe Turner bringt mir auf seinem Non-stop-Flug quer durch den Kontinent eine Karte mit.
Sie hat einen schwarz-rot-gelben Rand und ist von angeblichen Deserteuren an die Soldaten in
den Schützengräben gerichtet. Der Student aus Ontario hat sie mir geschickt. Es ist die letzte
aus seinem Vorrat, und er hat 1918 vergessen, sie mir zuzuwerfen.

Bei Einbruch der Dunkelheit lande ich wieder beim Geschwader. In dieser Nacht schlafen
wir auf der blanken Erde unter unseren Maschinen.

Im Morgengrauen des nächsten Tages hastiges Wecken.

Die Tanks kommen! Über Nacht ist Benzin und neue Munition herangeschafft worden. Wir
teilen uns die Abschnitte ein und starten.

Zwischen Bapaume und Arras sehe ich sie. Künstlicher Nebel dampft vor ihnen auf, und
dahinter kriechen sie über die flachen Wiesen. Fünfzehn Stück, wie gewaltige stählerne Schildkröten. Sie kriechen, kriechen, kriechen.

Über die erste deutsche Stellung sind sie schon hinweg... über die zweite... und rollen weiter
ins Hinterland hinein.

Sturzflug und volle Salven aus beiden Läufen, Steigen, wieder Sturzflug und volle Salven.
Keine Wirkung. Ein Specht klopft gegen ein eisernes Tor, so ist das.

Die deutsche Infanterie hat sich hinter den Bahndamm Bapaume-Arras zurückgezogen. Wie
ein Festungswall ragt er aus dem sumpfigen Wiesengelände auf, vier Meter hoch, mit Schotter
bedeckt. Von dort her rattern ihre Maschinengewehre in den Waschküchendunst des künstlichen Nebels hinein. Unablässig, aber ohne Wirkung.

Die Schildkröten kriechen weiter.

Jetzt ist eine an den Bahndamm heran. Schwerfällig klettert sie die Böschung hinauf, rollt
oben die Gleise entlang.

Ich sehe, wie unsere fluchtartig die Stellung räumen, die Maschinengewehre mit sich schleppend. In Knicks und Wassergräben verschwinden sie.

Langsam schleppt sich der Tank oben auf dem Bahnkörper entlang und belfert seine Salven hinter ihnen her. Neue Möglichkeit für mich: jetzt kann ich ihn von der Seite packen. Kaum drei Meter über dem Boden jage ich auf ihn zu, ganz dicht heran, überspringe ihn, kehre um und attackiere ihn von neuem. So nah rücke ich ihm auf den gepanzerten Leib, daß ich jede Niete der Stahlplatten, jedes Geschützrohr erkennen kann. Selbst das verwaschene Kleeblatt an der Seite, Talisman oder Wappen. Wieder ein Sprung über ihn hinweg, das Fahrgestell streift fast den Buckel des Panzerturms.

Kehrtwendung, wieder schieße ich auf ihn los.

Durch diese Taktik des Bodenangriffs schalte ich die anderen Tanks aus. Denn wenn sie auf mich feuern, treffen sie ihren eigenen Mann.

Bei der fünften Attacke merke ich die erste Wirkung. Schwerfällig tastet sich der Tank zum Rand des Bahnkörpers, will zurück in die Wiesen zu den anderen, in den Schutz des künstlichen Nebels. Ich lasse ihn nicht aus dem Auge, verfolge jede seiner Bewegungen. Vorsichtig schiebt er sich über die Böschung hinaus. Jetzt hängt die Hälfte seines plumpen stählernen Körpers in der Luft. Im nächsten Augenblick taumelt er, schwankt, überschlägt sich die Böschung hinunter und bleibt unten liegen, auf dem Rücken, wehrlos, hilflos wie ein gefallener Käfer.

Von oben stoße ich auf ihn hinab, hämmere meine Schüsse in die dünn gepanzerte Bauchseite des Ungetüms. Die Raupenketten drehen sich noch, die rechte schnellt auf, greift wie ein Polypenarm in die leere Luft, fällt zurück. Der Tank liegt jetzt ganz still, wie tot. Aber noch immer hämmere ich meine Schüsse in ihn hinein. Die Seitentür neben dem Geschützturm öffnet sich. Ein Mann stürzt heraus, die Hände vor dem blutenden Gesicht. Ich bin so nahe, daß ich alles sehen kann. Aber ich kann nicht mehr schießen, meine Munition ist verbraucht bis auf die letzte Patrone.

Ich fliege zum Gefechtslandeplatz, lasse neue Gurten einspannen, kehre zurück Kaum zwanzig Minuten hat das gedauert.

Aber der Tank ist tot. Schwarz und regungslos liegt er da, neben ihm auf dem Rasen drei Soldaten. Die englischen Sanitäter müssen inzwischen dagewesen sein. Sie haben die Leichen herausgeholt und liegenlassen. Mag eine Granate sie begraben.

Die Nacht kommt. Der Nebel aus den Wiesengründen dampft zum dunklen Himmel hinauf. Der Tankangriff ist abgeschlagen. Auf der Linie Bapaume – Arras ist er zum Stehen gekommen, an der ganzen Front.

*

Eine aufgeregte Stimme am Telefon: »Eben sind zwei Ballons bei uns abgeschossen. Die feindliche Staffel kreist noch immer über unserer Stellung.«

Wir starten sofort, die ganze Staffel 4 mit allen verfügbaren Maschinen, Richtung auf Braie zu. Wir fliegen dreitausend Meter hoch, unter uns die deutsche Ballonkette, schräg über uns die englische Staffel, fünf SE 5. Wir halten uns unter ihnen und warten ihren Angriff ab. Doch sie lauern, scheinen den Kampf vermeiden zu wollen.

Plötzlich saust wie ein Pfeil eine Maschine an mir vorbei in die Tiefe, auf den Ballon zu. Ich drücke nach unten – hinterher. Einer von der englischen Staffel ist's, der Führer. Der schmale Wimpel flattert vor mir her.

Ich drücke nach unten, drücke, drücke. Die Luft schrillt am Windschutz. Ich muß ihn erreichen, einholen, ihm den Weg zu den Ballons abschneiden.

Zu spät! Der Schatten seines Apparates huscht wie ein Fisch im flachen Wasser über die prall gespannte Ballonhaut hinweg... ein blaues Flämmchen zuckt auf, kriecht langsam über den grauen Rücken, und im nächsten Augenblick schießt eine Feuersäule gen Himmel, da, wo eben noch die große, gelbe Hülle seidig glänzend schwankte.

Ein deutscher Fokker schnellt auf den Engländer zu, eine zweite, kleinere Lohe spritzt neben der großen auf, in Rauch und Flammen gehüllt schlägt der deutsche Apparat auf die Erde auf.

Eine ganz enge Kurve...lotrecht fast saust der Engländer nach unten, die Mannschaft an der Ballonwinde spritzt auseinander. Schon hat sich der SE 5 wieder aufgerichtet und fegt dicht am Boden entlang nach Westen zu. So dicht am Boden, daß Schatten und Maschine in eins verschmelzen.

Doch jetzt bin ich hinter ihm. Ein tolles Jagen beginnt, kaum drei Meter über dem Boden. Wir springen über Telegraphenstangen hinweg, über Chausseebäume. Ein mächtiger Satz: der Kirchturm von Marécourt. Aber ich bleibe hinter ihm, ich bin nicht mehr abzuschütteln.

Die Heerstraße nach Arras. Von hohen Bäumen flankiert, wie eine grüne Mauer, zieht sie sich durch die Landschaft.

Er fliegt rechts der Baumreihe, ich links. Jedesmal, wenn eine Lücke in den Wipfeln ist, schieße ich.

Neben der Straße, auf einer Wiese, lagert deutsche Infanterie. Obwohl ich ihm im Nacken sitze, feuert er. Aber das ist sein Verderben. In diesem Augenblick bin ich über die Wipfel hinweggesprungen – kaum zehn Meter von ihm entfernt – schieße.

Ein Zucken läuft durch seine Maschine, das Flugzeug schwankt, taumelt in eine Kurve, schlägt aufs Feld auf, springt wieder hoch wie ein aufs Wasser geprellter Stein und verschwindet mit einem mächtigen Satz hinter einem Birkenwäldchen. Eine Staubwolke dampft auf.

Der Schweiß läuft mir in Strömen übers Gesicht, beschlägt die Brille, verklebt die Augen. Mit dem Jackenärmel fahre ich mir über die Stirn. Es ist Hochsommer, zweiundzwanzigster August, mittags halb eins, der heißeste Tag des Jahres, fast vierzig Grad Außentemperatur, und bei der Verfolgung lief mein Motor auf sechzehnhundert Touren.

Ich blicke mich um, dicht hinter mir drei SE 5. Sie haben meine Staffel abgeschüttelt, stoßen auf mich herunter, um ihren toten Führer zu rächen. Dicht über der Erde jage ich um das Birkenwäldchen herum. Kurze, schnelle Blicke über die Schulter weg nach hinten. Sie trennen sich, zwei kurven ab nach Westen und überlassen dem einen die Beute.

Ich weiß jetzt, daß ich es mit taktisch erprobten Kämpfern zu tun habe. Neulinge hätten sich zu dritt auf mich gestürzt. Alte Jagdflieger wissen, daß man sich bei der Verfolgung eines Gegners nur im Wege ist.

Es steht schlimm um mich. Der andere arbeitet sich immer näher heran, kaum dreißig Meter schätze ich den Abstand, und noch immer schießt er nicht. »Mit drei, vier Schuß wird er mich erledigen wollen«, denke ich.

Die Landschaft ist sanft gewellt, Hügelrücken, mit kleinen Gehölzen bestanden. Um diese Wäldchen kurve ich herum.

Unter Bäumen eine deutsche M.G.-Abteilung. Sie starren zu uns herauf. »Wenn sie doch schießen wollten, wenn sie mich doch erlösen könnten!« Aber sie schießen nicht. Vielleicht ist der Abstand zwischen den beiden Apparaten zu kurz, vielleicht fürchten sie, beim schwalbenschnellen Auf und Nieder mich zu treffen.

Mein Blick umfaßt Wälder, Hügel, Wiesen. Das also ist die Gegend, wo ich fallen soll!

Ein kleiner, dumpfer Schlag an mein Knie. Ich blicke hin, süßlich fader Phosphorgeruch, im Patronenkasten vor mir ein kleines, rundes Loch. Die Hitze – die Leuchtspur-Munition hat sich entzündet, eine Patrone ist explodiert – wenige Sekunden später wird mein Apparat in Flammen stehen.

Man denkt nicht in solchem Moment, man handelt oder man stirbt. Ein Druck auf den Abzugsbügel der M.G.s, und aus beiden Läufen knattert die Munition in die blaue Luft hinein, zieht lange weiße Fäden hinter sich her.

Ein Blick nach rückwärts, atemlose Überraschung, und dann ein paar mächtige Züge aus voller Lunge.

Der Gegner biegt ab, weicht den weißen Fäden aus, denkt wohl, ich schieße rückwärts.

Ich fliege nach Hause.

Nach der Landung bleibe ich eine ganze Weile in der Maschine sitzen. Behrend muß mir aus dem Apparat helfen.

Ich gehe zur Schreibstube.

»Oberleutnant Göring kommt heute abend«, sagt der Feldwebel. Ich sehe ihn mit leeren Augen an.

»Göring, unser neuer Geschwaderkommandeur«, wiederholt er. »Ja, ja.« Meine Stimme klingt mir selbst fremd und tonlos. Ich will auf Urlaub fahren. Gleich. Sofort. So soll er mich nicht sehen.

*

Als ich vom Urlaub zurückkomme, liegt das Geschwader in Metz. Die Verluste waren zu groß. Dreihundert Prozent sind gefallen. Dreimal im Laufe des Krieges ist der Bestand an Offizieren erneuert worden. Kaum einer von denen ist mehr da, die die ersten Flüge mit dem Rittmeister machten. Deshalb hat uns die Heeresleitung aus dem Brennpunkt der Schlachten herausgezogen und für kurze Zeit an eine ruhigere Front gestellt.

Göring fliegt gerade Sperre mit seiner Staffel, als ich auf dem Flugplatz ankomme. Er landet, wir begrüßen uns. Sein Gesicht ist finster. Er ist an Richthofens Stelle gesetzt worden, weil er als der begabteste Luftstratege der Armee gilt. An dieser toten Front liegt er brach, muß seine Schlachten auf dem Papier schlagen.

»Tag, Udet«, sagt er brummig.

Dann starte ich mit meiner Staffel.

Sprengpunkte am Horizont, schwatze Wölkchen deutscher Flaks, feindliche Flieger in Sicht.

Sie kommen näher, sieben Maschinen, Doppelsitzer de Havilland 9. Wir sind sechs. Aber die drüben sind neu an der Front, eine amerikanische Formation. Der Jüngste von uns hat die Erfahrung von zwei Kampfjahren ihnen voraus.

Dicht beim Flugplatz treffen wir uns. Das Ganze dauert kaum fünf Minuten. Gluczewski schießt einen ab und Kraut, meiner kommt brennend bei Monteningen herunter.

Göring, von Wedel, Schulte-Frohlinde

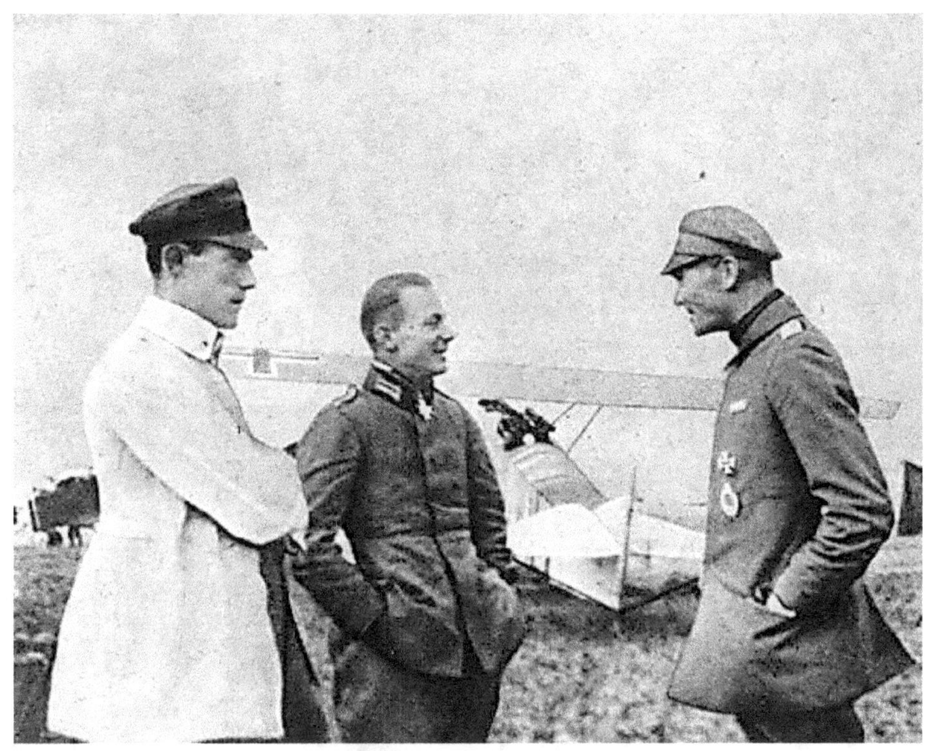

Bodenschatz, Udet, Bolle

Die anderen wenden um, fliegen nach Hause. Ein einzelner streicht dicht über mit entlang. Ich stelle meinen Fokker auf den Schwanz und feuere gerade nach oben in die Luft hinein. Er kann nicht mehr ausbiegen, er muß durch meine Geschoßgarbe hindurch. Kaum fünfzig Meter über mir zerplatzt er, ich muß eilig nach unten wegdrücken, um nicht von den brennenden Trümmern getroffen zu werden.

Ein dritter saust an mir vorbei nach Westen. An seinem Schwanz flattert der Führerwimpel. Ich setze mich hinter ihn. Als er merkt, daß er verfolgt wird, dreht er bei, fliegt mir entgegen. Eine Salve springt drüben auf, ich spüre einen brennenden Schmerz im linken Oberschenkel, und aus dem zerschossenen Tank sprudelt das Benzin mir entgegen wie eine Dusche.

Ich schalte die Zündung aus und lande.

Die Kameraden umringen mich. Sie haben vom Flugplatz aus jede Phase des Kampfes beobachten können.

Aufgeregt reden sie durcheinander: »Mensch; Udet, haben Sie ein Schwein... seit vier Wochen der erste Gegner... heute vom Urlaub zurückgekommen, und gleich so 'ne Bescherung...«

Ich klettere aus dem Apparat heraus und betrachte meine Verwundung. Der Schuß ist durchs dicke Fleisch gegangen, ein bißchen Blut sickert noch heraus.

Göring, der letzte Kommandeur des Richthofen-Geschwaders

Die anderen treten beiseite, Göring kommt auf mich zu. Ich melde: »Einundsechzigsten und zweiundsechzigsten Gegner abgeschossen. Selbst leicht verwundet. Schuß durch linke Backe, Gesicht unverletzt.«

Göring lacht, schüttelt mir die Hand.

»Nett von mir, daß ich hier sitze und die Abschüsse für Sie reserviere«, sagt er. Ein guter Kamerad.

Und dann kommt das Ende, unfaßbar für uns, die wir bis zuletzt gekämpft haben, ein Friede, den keiner von uns versteht.

Eines Tages halte ich ein Papier in den Händen.

Entlassungsschein.

Dienstgrad: *Oberleutnant, d. Rs.*

Vor- und Zuname: *Udet, Ernst*

Ersatztruppenteil usw.: *Flieger- Ers. Abt. III Gotha.*

Kommandiert zu: *Jagdsta. 4.*

Geburtsort und Geburtstag: *26. 4. 96. Frankfurt a/M.*

Entlassen

nach: *München*

am: *18. November 1918.*

Bemerkungen: *—*

Mitgegebene Bekleidungsstücke usw.:

(Marschanzug. Nach Bedarf Tornister, Brotbeutel, Feldflasche, Kochgeschirr.)

Hat _____ Mk. Marschgeld erhalten.

Hat _____ Mk. Entlassungsgeld erhalten.

Gotha, den *14. Januar* 191*9.*

i. B.

(Unterschrift)

Leutnant,

Flieger - Ersatz - Abteilung III.

Neuer Start

Der Mann starrt mich unverwandt an. Er trägt einen graugrünen Soldatenmantel, Militärmütze ohne Kokarden und um den rechten Arm eine breite rote Binde. Soldatenrat. Von seinen dicken Backen aus zucken die rötlichen Bartspitzen wie Flämmchen zu den Augen hinauf.

Es ist im November 1918, ein trüber, regnerischer Tag. Wir stehen auf der hinteren Plattform einer überfüllten Münchener Trambahn.

Der Mann starrt und starrt. Endlich streckt er seine Hand aus, zeigt auf den Pour le mérite an meinem Hals:

»Dös is Blech«, sagt er laut.

Die Umstehenden blicken auf, neugierig, was weiter geschehen wird. Ich sehe zum Fenster hinaus auf den Asphalt, wo die Regentropfen springen, überlege gleichzeitig, was ich tun soll, wenn er angreift.

Da fährt mir auch schon seine haarige Tatze an den Hals, zupft an dem Orden: »Wollns den Blatschari nöt abitun?« grollt er.

Er ist viel größer als ich, aber ich habe die Entfernung genau berechnet. Im nächsten Augenblick habe ich seinen Eichhörnchenbart zwischen den Fingern, reiße aus Leibeskräften daran und schreie: »Wollns den Boart nöt abitun?«

Aufbrüllen des Getroffenen, er schlägt wütend um sich, trifft den Schaffner, trifft die anderen Fahrgäste, nur mich trifft er nicht. Die Plattform wird zum Schlachtfeld. Der Schaffner schwingt Fäuste wie Kohlenschaufeln, knallt sie dem andern gegen den Kopf.

Haltestelle. Der Mann im Soldatenmantel kullert hinaus. Er rappelt sich auf, reckt drohend die Faust. Flüche poltern hinter uns her. Die Bahn fährt klingelnd davon.

Ein paar dicke Spießer lachen. Aber ich kann das alles beim besten Willen nicht komisch finden.

*

Abends treffen wir Flieger uns oft in einer kleinen Bräuhausstube. Die Stimmung ist trübe. Man hat uns beiseitegeschoben, und wir haben noch nicht wieder Fuß gefaßt im bürgerlichen Leben.

»Weißt du«, sagt Greim zu mir, »wenn man wenigstens wieder fliegen könnte und den ganzen Dreck von oben betrachten.« Wir trinken und starren vor uns hin.

W. V. Bishop, der erfolgreichste überlebende Kampfflieger Englands

Es ist kalt in der holzgetäfelten Stube, mit Kohlen muß gespart werden, die Lampen geben nur mattes Licht. An den Wänden Plakate, Wahlen zur Nationalversammlung, ein Aufruf der Kriegsgefangenenfürsorge.

Ich packe Greims Arm: »Wir werden wieder fliegen«, sage ich und entwickle meinen Plan.

Am nächsten Morgen schon sind wir auf dem Büro der Kriegsgefangenenfürsorge. Wir wollen Luftkämpfe zugunsten der Gefangenen veranstalten, Luftkämpfe, Kunst-und Schauflüge.

Man ist skeptisch. Wenn wir Maschinen beschaffen können, ja. Aber das wird schwer sein. In Bamberg sollen zwar welche stehen, ganz neue, die noch nicht abgeliefert sind.

So fahren wir nach Bamberg hinaus. Ein kalter, freudloser Morgen. Die Apparate stehen in einer leeren Fabrikhalle, einer neben dem andern, wie Pferde vor einer Abdeckerei. Sie warten auf die Ablieferung an den Feind, das trostlose Ende. Das Herz blutet einem, wenn man das alles sieht.

Wir verhandeln lange mit dem Materialverwalter. Schließlich können wir zwei Apparate loseisen. Einen Fokker D7 für Greim, einen Fokker Parasol für mich.

Vierzehn Tage später an allen Plakatsäulen Münchens Anschläge: »Luftkämpfe auf dem Oberwiesenfeld. Der Pour le mérite-Flieger Ritter von Greim gegen Oberleutnant Ernst Udet.«

Tausende kommen, Zehntausende. Es wird ein großer Erfolg für die Kassen der Kriegsgefangenenhilfe.

»Eigentlich«, sagt Greim, »ist es doch scheußlich: das, was wir draußen im Ernst betrieben haben, jetzt so zur Schau zu stellen...«

»Aber wir fliegen wieder«, sage ich.

Und wir fliegen jeden Sonntag in einem andern Ort, rund um München herum, in ganz Bayern. Die Leute kommen und zahlen, die Kriegsgefangenenfürsorge ist zufrieden mit uns. Wenn wir landen, werden wir von Neugierigen umringt, die wissen wollen, wie's draußen war.

Aber wenn wir in der Luft sind, haben wir das alles vergessen. Greim ist ein ebenbürtiger Gegner. Er kann sich so in den Kampf hineinleben, als wenn es Ernst und kein Spiel wäre. Einmal in Tegernsee verfolgt er mich so hitzig, daß er die Hochspannungsleitung übersieht. Sein Flugzeug verfängt sich, schlägt auf den See auf und versinkt. Er selbst bleibt unverletzt, aber mit der Fliegerei hats ein Ende. Ein Ersatzapparat ist nicht mehr zu beschaffen. Ich muß meinen Fokker sofort abliefern, stehe wieder auf der Erde.

*

Von Angermund habe ich gehört, daß die Rumpler-Werke einen Flugdienst München-Wien einrichten wollen. Ich melde mich als Pilot.

Es ist eine große Sache. Auf dem Oberwiesenfeld haben sich zum Start die Spitzen der Behörden eingefunden. Spiegelnde Zylinderhüte, rosig schimmernde Glatzen – und Reden, die volltönend übers Feld rollen.

Es wird geknipst, gefilmt und viel Hände geschüttelt. Dann fliegen wir ab. Wir sind drei Piloten, Doldi, Basser und ich. Die Apparate sind alte, umgebaute Militärmaschinen, nicht sehr bequem und reichlich schwach auf der Brust.

Unterwegs macht sich ein Gegenwind auf. Sieben Sekundenmeter nur, aber unsere Vögel können schwer gegen ihn an, bleiben in der Luft stehen. Schließlich geht uns allen das Benzin aus, wir müssen notlanden. Keiner erreicht an diesem Tage Wien.

Dort aber warten draußen auf dem Flugplatz Aspern die Vertreter der Stadt und der höchsten Staatsbehörden. In Bratenröcken und spiegelnden Zylindern warten sie, volltönende Reden in der Kehle. Sie warten bis zum Abend, aber wir kommen nicht. Vergrämt gehen sie nach Hause.

Am nächsten Morgen erst sind wir über der Stadt. Wir umkreisen den Stephansturm, Doldi wirft Flugzettel ab: »Der Erste Internationale Luftverkehr Deutschland-Österreich durch Landung dreier Verkehrsdoppeldecker in Aspern soeben eröffnet.«

Aber es kommt niemand mehr hinaus. Wir landen allein und unbeachtet.

Den Tag drauf soll der Rückflug stattfinden, diesmal ohne Feier.

Vor den Flugzeughallen eine Anzahl ausländischer Offiziere. Die Entente-Kommission. Einer tritt auf uns zu, erklärt: »Ihre Apparate sind beschlagnahmt. Flugzeugeinfuhr und -ausfuhr ist in Österreich verboten nach dem Vertrag von Saint-Germain.«

Wir protestieren, wir sprechen erregt auf ihn ein. Er dreht uns den Rücken.

Ich will meine Brille noch aus dem Apparat holen. Ein kleiner, gelbgesichtiger Mann baut sich davor auf, nicht einmal mehr hineinsehen darf ich.

Die Teilnehmer des ersten internationalen Fluges München-Wien fahren mit der Bahn zurück.

Die Herren von der Entente-Kommission lachen. Aber ich kann auch das beim besten Willen nicht komisch finden.

*

Ein Amerikaner hat bei mir zu Haus angerufen. Mister William Pohl aus Milwaukee. Er wohnt in den »Vier Jahreszeiten«. Ich soll ihn abends im Hotel besuchen, zu einer wichtigen geschäftlichen Besprechung.

Ein typischer Amerikaner ist's. Er kommt sofort zur Sache.

Er will in Deutschland eine Flugzeugfabrik einrichten. Ein Volksflugzeug soll gebaut werden, für das er sich drüben große Absatzmöglichkeiten verspricht. Der Name ist schon da: »Everybody« soll es heißen. Ob ich mitmachen will?

»Ja, aber ich habe kein Kapital«, wende ich zögernd ein.

Mister Pohl winkt ab: »Nicht nötig. Das Geld gebe ich. Ich brauche Ihre Kenntnisse, Ihre Beziehungen und Ihren Namen. ›Udet-Flugzeugbau‹ soll das Unternehmen heißen.«

Als wir uns um Mitternacht trennen, liegt der Plan fest bis in alle Einzelheiten. Wir können sofort mit den Vorarbeiten anfangen. Ein Schuppen in Milbertshofen wird gemietet, zwei Arbeiter und ein Ingenieur angenommen. Der Bau des ersten Modells beginnt.

Am 15. Juli 1921 eine Nachricht wie ein Keulenschlag: Die Entente hat bis auf weiteres jeglichen Flugzeugbau *in* Deutschland untersagt.

René Fonck, der erfolgreichste überlebende Kampfflieger Frankreichs

Als mein Fluggast im Flamingo über Berlin

Pohl ist wieder in München, ich fahre zu ihm ins Hotel. Er zuckt die Achseln. »Wenn Sie das Risiko tragen wollen, gut.«

Verbotener Bau wird streng geahndet mit Geldstrafen und Gefängnis. Ich überlege einen Augenblick. »Jawohl!« sage ich dann.

Mister Pohl ist erfreut. »Das habe ich von Ihnen erwartet!« sagt er.

Ich komme in den Schuppen zurück, rufe unsere dreiköpfige Belegschaft zusammen, erkläre die Lage. »Es kann schiefgehen, Jungens«, schließe ich.

»Wo ist der Hobel, Hiasl?« fragt der eine den andern. Sie reden nicht, sie machen sich nicht wichtig mit ihrem Opfer, sie packen an, arbeiten weiter. Kameraden...

Aber wir müssen vorsichtig sein, sehr vorsichtig sogar. Ich lasse die Fenster blau anstreichen, im Raum herrscht ein Licht wie in einem Grabgewölbe. Fußangeln werden vor die Fenster gelegt. Eine geheime Klingelanlage meldet jeden, der das Gartentor passiert. Eines Morgens kommt ein Arbeiter zu mir. Gestern auf dem Heimweg hat ihn ein Herr angesprochen. Sie sind zum Bier gegangen, der Fremde hat alles bezahlt. So nebenbei hat er gefragt, was wir hier draußen machen. »Schlösser«, hat mein Mann gesagt. »Schlösser, wieso Schlösser?«

»Schlösser fürs Maul!« Der Arbeiter ist aufgestanden und gegangen.

Am Abend sehen wir einen Mann um unseren Schuppen herumstreichen. »Ist er das?« frage ich. Der Arbeiter nickt.

Ich bestelle die Leute um Mitternacht noch einmal, sie verstehen mich ohne jede Erklärung.

Draußen, in Ramersdorf, betreibt Scheuermann eine Fabrik für Bienenkästen und Hühnerställe. Ich rufe ihn an, ob er Interesse für Vogelzucht hat. Sogar am Fernsprecher muß man vorsichtig sein. Scheuermann ist Kriegskamerad, Jagdflieger wie ich. »Komm raus mit deinen Vögeln«, sagt er.

Gegen drei Uhr früh rollt ein Einspänner durch die Straßen Münchens, unser Modell darauf, mit einer Segelplane bedeckt. Ich sitze vorn neben dem Kutscher. Die Arbeiter halten die Maschine, damit sie nicht herunterfällt. In der Eile haben wir sie nicht aufmontieren können.

In Scheuermanns Hühnerställen wird unser Vogel ausgebrütet. Wenige Tage bevor er fertig ist, wird das Bauverbot der Entente wieder aufgehoben. Wir können in aller Öffentlichkeit weiterarbeiten.

Der 12. Mai 1922 ist der große Tag. Pohl ist draußen und ein paar Flieger. Die Arbeiter haben ihren Sonntagsstaat angezogen. Das Flugzeug steht festlich geschmückt vor dem Schuppen. Noch einmal wird die Montage überprüft. Dicht neben mir steht unser Ingenieur. Plötzlich schlägt er sich mit der flachen Hand gegen die Stirn, läuft ins Konstruktionsbüro. Mit einer Zeichenrolle unter dem Arm kommt er wieder, zupft mich am Ärmel, flüstert schreckensbleich: »Ein Versehen... ich verstehe gar nicht, wie mir das passieren konnte... der Motor liegt siebenundvierzig Zentimeter zu weit hinten im Rumpf... ich habe bei den Berechnungen ein Komma übersehen...«

Sehr still kehrt unser Vogel in sein Nest zurück. Nach vier Tagen kommt er wieder zum Vorschein. Man hat den Rumpf um die fehlenden siebenundvierzig Zentimeter vorbeplankt. So ist ein Wesen entstanden mit überlangem Körper, es hat eine fatale Ähnlichkeit mit einer fliegenden Gans.

Ich klettre hinein. Der Tourenzähler ist so weit vom Führersitz entfernt, daß man ihn nicht mehr erkennen kann. Der Propeller wird angeworfen, der Vogel windet sich in epileptischen Krämpfen, aber schließlich steigt er doch. Der Dreißig- PS-Haacke-Motor schüttelt die kleine Kiste, daß ich die Verwindungsklappen nicht mehr unterscheiden kann. Alles vibriert, als sei der Weg durch die Luft mit Kopfsteinen gepflastert.

Aber doch fliege ich. Ich fliege zum erstenmal wieder seit zwei Jahren.

*

Der Aero Club Aleman in Buenos Aires hat mich eingeladen. Zu einem Flugmeeting. Es geht um den Wilbur-Cup.

Wir haben lange beraten. Pohl war dagegen, Scheuermann, jetzt unser technischer Leiter, war dafür. Der Udet-Flugzeugbau hat sich in dem einen Jahr seines Bestehens gut entwickelt, die Kinderkrankheiten des ersten Versuchs sind überwunden. Wir haben die Typen U 2 und U 4 herausgebracht und günstig verkauft. Aber eine Überfahrt nach Südamerika ist teuer, vor allem in deutschem Geld, und wir stehen mitten in der Inflation.

U 4 der Udet-Flugzeugbau-Gesellschaft in SüdAmerika 1923

Schließlich fahre ich doch. Die Möglichkeiten des Auslandsgeschäfts sind zu verlockend.

In Buenos Aires kommt Herr Friedrich Blixstein an Bord. Das Schiff hat am Pier festgemacht. Es ist Abend, die Bucht von blauen Schatten erfüllt. In der Stadt flammen die ersten Lichter auf.

Über das Deck läuft Blixstein mit ausgebreiteten Armen auf mich zu, ergreift meine beiden Hände:

»Mein lieber Herr Udet, daß Sie da sind, daß Sie wirklich gekommen sind!« Auf seiner Stirn glänzen kleine Schweißtröpfchen.

»Da Sie mich eingeladen haben...« Meine Zurückhaltung dämpft seinen Eifer in keiner Weise.

»Wollen Sie mal sehen, wie ich Ihre Ankunft vorbereitet habe?« Er holt ein dickes Bündel Zeitungen aus der Rocktasche, entfaltet sie mit nervösen Fingern.

» As de los Ases« steht da und mein Bild, das übrige Spanisch kann ich nicht lesen.

Wir spazieren auf dem Promenadendeck hin und her. Blixstein hat meinen Arm ergriffen, geht untergehakt. Ich liebe solche Vertraulichkeiten nicht, wenigstens bei Männern. Aber er hat sich mir vorgestellt als Geschäftsführer des Aero Club Aleman, und der Aero Club Aleman hat mich eingeladen.

Im Aufundniedergehen entwickelt er seine Pläne. Ich werde im Lande umherreisen müssen mit den beiden Maschinen, selbstverständlich bezahlt der Aero Club die Fracht. Man hat mich im Plaza-Hotel untergebracht, »dem ersten Haus der Stadt«, sagt Herr Blixstein. Mit Schrecken denke ich an meine Papiermark.

Dann fahren wir ins Hotel. Ein wunderbarer Kasten, Kreuzung zwischen romanischem Pomp und amerikanischer Sachlichkeit.

Blixstein leistet mir beim Abendbrot Gesellschaft. Er spricht sehr viel. Gleich nach dem Essen entschuldige ich mich: »Ich bin müde von der Seefahrt.«

In meinem Zimmer stehe ich noch eine Weile am offenen Fenster. Die Straßen unten quellen über von Hitze, Lärm und Lichtern. Es ist ein merkwürdiges Gefühl, so in die Menschenflut einer fremden Stadt zu blicken. »Werden sie dich unter die Füße kriegen oder wirst du Sieger sein?« fragt man sich.

Am nächsten Vormittag fahre ich in das Büro des Aero Club Aleman. Blixstein hat mir die Karte mit der Adresse dagelassen. Das Auto verläßt die Prunkstraßen, die Häuser werden immer keiner, immer armseliger. Eine graue Bürokaserne: das Quartier des Aero Club Aleman.

Im Büro nur eine Sekretärin. Blixstein geht in Hemdsärmeln auf und ab, diktiert ihr. Er gibt sich sehr geschäftstüchtig.

Prospekte hat er drucken lassen, er zeigt mir einen davon. Rechts deutscher Text, links Spanisch. Und mit Erstaunen lese ich: Herr Friedrich Blixstein, Generalvertreter des Udet-Flugzeugbaus in München, gibt sich die Ehre...

»Hm«, sage ich mit gerunzelter Stirn, sonst gar nichts. Doch Blixstein hat auch so verstanden.

»Ich diktiere gerade unseren Vertrag«, erklärt er, »die Handelsüblichen Bedingungen. Wenn Sie wollen, können Sie darauf warten.«

Ich warte nicht. Allein gehe ich durch die heißen, staubigen Straßen ins Hotel zurück. Zu Fuß. Ich muß sparen.

Meine Hoffnung ist der Tag des Wilbur-Cup. Dort kann ich zeigen, was unsere kleinen Maschinen leisten können. Bis dahin gilt's durchzuhalten.

Essen ist eine Kunst, wenn man wenig Geld zur Verfügung hat. Das Auge irrt die Zahlenkolonnen der Speisekarte entlang. Ein Menü, in Mark umgerechnet, kostet den Wochenlohn eines deutschen Arbeiters. Ich entscheide mich für Ravioli, ein italienisches Nudelgericht. Es ist das billigste auf der ganzen Karte. Der Ober geht, ohne eine Miene zu verziehen – ein gutes Hotel.

Als ich am nächsten Mittag wieder Ravioli bestelle, zuckt er nur leicht mit der linken Augenbraue. »Magenkrank«, knurre ich. Er verbeugt sich ergeben. Magenkrankheiten sind vornehm, leere Brieftaschen gemein.

Es ist Ende Juli. Die Hitze kocht in den Straßen, nur in der Hotelbar ist es still und kühl. Ich sitze oft da, nippe einen Cocktail, löffle den obligaten Weichkäse in mich hinein. Er steht dort als großes Wagenrad auf dem Tisch. Unentgeltlich, zur Verfügung der Gäste. Denn er regt den Durst an. Mir aber ersetzt er ein Abendbrot. Wenn der Mixer zu mir herblickt, spiele ich träumerisch mit dem Käselöffel.

Der 9. August ist der Tag des Wilbur-Cup. Es ist ein Handicap-Rennen, mehr für Fachleute als für das große Publikum.

Der Flugplatz liegt draußen vor der Stadt im Grünen, mit einem hölzernen Zaun abgegrenzt. Blixstein ist mit herausgekommen. Er führt mich überall herum, stellt mich vor, Sportjournalisten, Vertretern amerikanischer und englischer Fabriken. Sie sind höflich, aber sehr zurückhaltend. Blixstein behandelt mich wie ein Vater seinen hoffnungsvollen Sohn.

Dann beginnen die Rennen. Meine kleine U 4 mit dem Fünfundfünfzig- PS-Siemens-Motor ist sehr gehandikapt. Spad, Curtis und Nieuport sind mit starkmotorigen Vögeln vertreten.

Doch die U 4 hält sich wacker. Als sie landet, habe ich das Gefühl: für den Udet-Flugzeugbau ist gute Arbeit geleistet.

Das erste Modell des Udet-Flugzeugbaus entsteht

Arbeit hinter getarnten Fenstern

Blixstein meint: »Warten wir morgen die Presse ab, dann werden wir sehen. Von den Kritiken hängt unser ganzes Argentinien-Geschäft ab.«

Am nächsten Morgen lasse ich mir vom Hotelpagen die Blätter ans Bett bringen. Berichte über den Wilbur-Cup in allen. Die U 4 wird kaum erwähnt.

Ich rufe Blixstein im Büro an. Er ist sehr kurz angebunden: »Ich komme heute nachmittag zu Ihnen ins Hotel.«

Den ganzen Tag über bleibe ich in meinem Zimmer. Blixstein läßt sich Zeit, er kommt erst gegen Abend.

»Schöne Schweinerei«, sagt er schon beim Eintreten, »die Amerikaner haben eben die besseren Pressebeziehungen.«

Er wirft sich auf einen Sessel, die Beine über die Lehne gespreizt.

»Natürlich müssen wir jetzt umdisponieren. Sie fliegen Reklame für eine Zigarettenfirma.«

»Ich fliege nicht Reklame!« erkläre ich bestimmt.

Sein Gesicht verändert sich, die nackte Bosheit kommt zum Vorschein.

»Und wie denken Sie sich die Sache hier weiter?«

»Ich werde fliegen«, sage ich... »beim Luftrennen von Rosario melden... und vielleicht verkauft sich noch die eine oder andere Maschine.«

Er lacht auf. »Darf ich Sie darauf aufmerksam machen, daß die Frachtbriefe für Ihre Flugzeuge auf den Aero Club Aleman ausgestellt sind?«

»Was wollen Sie damit sagen?«

»Der Aero Club Aleman hat zwölfhundert Goldpesos Spesen für Sie gehabt«, erklärt er kühl. »Gegen Erstattung dieser Summe können Sie die Frachtbriefe haben, sonst – müssen Sie eben für die Zigaretten fliegen.«

Blixstein geht. Es zuckt mir in der Stiefelspitze. Selten habe ich einen Rücken so reizend gefunden.

Zum Abendbrot schlendre ich in die Bar hinunter. Es gibt wieder Käse. Ich bin sehr niedergeschlagen. Wenn ich nach München um Geld kable, würden sie es mir wohl schicken. Aber die zwölfhundert Goldpesos sind in Papiermark eine große Summe. Vielleicht würden sie deswegen den Bau einschränken müssen, vielleicht sogar Arbeiter entlassen. Ich muß mir selber helfen.

Ein junger Mann schiebt sich auf den Barstuhl neben mir. Er ist blond, rosig, leicht angetrunken. Ein Yankee. Wahrscheinlich ist er mit dem großen Überseer heute nachmittag angekommen.

Wir kommen ins Gespräch. Er ist ein Student aus Boston, dies ist seine erste große Reise. Er besteht darauf, mich einzuladen.

Wir sprechen Englisch und Französisch durcheinander. »Und was für ein Landsmann sind Sie?« fragt er.

»Deutscher.«

»Oh...« – sein Gesicht wird lang vor Erstaunen – »ein Hunne? Der den kleinen Kindern die Hände abhackt?«

Er steht auf, zieht sich langsam die Jacke aus. »Ich verlange Satisfaktion«, lallt er. Wofür, sagt er nicht.

Ich bin ebenfalls vom Stuhl heruntergeglitten. Er ist einen Kopf größer als ich, gut durchtrainiert. Unter seinen Hemdsärmeln sieht man das Muskelspiel. Meine einzige Aussicht besteht in einem schnellen Angriff. Ich springe auf ihn zu, schlage ihm die Faust ans Kinn. So heftig ist der Schlag, daß meine Knöchel aufspringen.

Aber er bleibt stehen, sieht sich verdutzt um.

»Oh...«, sagt er, zieht seine Jacke an, setzt sich, trinkt weiter. Ich wickle ein Taschentuch um meine blutende Hand, beobachte ihn aus den Augenwinkeln. Aber kein neuer Angriff erfolgt. Friedlich wie ein Säugling lutscht er seinen zwölften Cocktail.

Ein Herr mit straff hochgebürstetem Haar klopft mir auf die Schulter: »Wir würden uns freuen, wenn Sie an unserem Tisch Platz nehmen wollten.« Es sind Deutsche, Landsleute.

»Blixstein?« sagt der Herr mit dem Bürstenkopf. »Sie sind nicht gerade glücklich gewesen bei der Wahl Ihres Partners, Herr Udet.«

»Hab' ihn mir nicht ausgesucht!«

Ich erzähle die Szene vom Nachmittag. Sie beratschlagen miteinander, wie sie mir helfen können.

»Tornquist«, meint einer, »Sie müssen zu Tornquist gehen. Ein Argentinier schwedischer Herkunft, Chef der argentinischen Bahnen. Sportsmann durch und durch. Der wird Ihnen sicher helfen.«

Am nächsten Morgen bin ich in Tornquists Büro. Er ist schon unterrichtet.

»Werden Herrn Blixstein den Schinken versalzen«, sagt er. Er überreicht mir einen Auslieferungsschein für die beiden Maschinen. »Ihre Vögel sind Gäste der argentinischen Bahn gewesen, Herr Udet.«

Zum letztenmal mache ich Besuch beim Aero Club Aleman. Als ich die Treppe hinuntergehe, sind meine Knöchel wieder aufgesprungen. Aber diesmal habe ich meinen Treffer besser an den Mann gebracht.

Blixstein ist fort, und nun geht's aufwärts. Ich werde häufig in der Deutschen Kolonie eingeladen. Beim Luftrennen Rosario-Buenos Aires fliegt der Pilot Oliviero auf unserer U 4 die beste Zeit des Tages.

Am Abend feiern wir den Sieg in der Bar des Plaza-Hotels, deutsche und argentinische Sportsleute. Ich lerne Jorge Luro kennen, den großen Rennfahrer.

»Wenn Sie keinen besseren Mann haben«, sagt er, »würde ich die Vertretung Ihrer Fabrik in Argentinien gern übernehmen.«

Ich nicke. Sprechen kann ich nicht vor freudigem Erstaunen.

Er zieht seine Brieftasche. »Anderthalb Maschinen zahle ich sofort, die nächsten bei Ablieferung.« Er legt die Scheine auf den Tisch. Lässig streiche ich sie ein.

Ein Page stellt Käse vor mich hin. Ich schiebe ihn zurück. »Verstehe gar nicht, wie man soviel Käse in sich hineinschaufeln kann«, sage ich großartig.

*

Aus dem Udet-Flugzeugbau bin ich ausgeschieden. Obwohl die Fabrik gut ging. Der »Kolibri« hat den Rhön-Flugwettbewerb 1924 gewonnen, der »Flamingo« hat sich als Schulmaschine durchgesetzt.

Kunstflug auf dem Eibsee

Aber dann haben sie angefangen, Großflugzeuge zu bauen. Den Udet-»Kondor« mit vier Motoren. Ich habe gewarnt. Man hat nicht auf mich gehört. Und dann bin ich gegangen.

Angermund kommt auf mich zu. »Weißt du, eigentlich könntest du doch wieder solche Schauflüge machen wie damals mit Greim.«

Ich überlege lange. Es ist die einzige Möglichkeit, weiter zu fliegen, in der Luft zu bleiben. »Gut«, sage ich, »wenn du die Sache in die Hand nimmst.«

Landung am Mönchsjoch in der Schweiz

94

Und Angermund beginnt zu arbeiten. Mit seinen breiten Schultern wirft er sich in die Sielen, daß das Geschirr kracht. Er mietet ein Büro, er stellt Programme zusammen. Er reist im Lande umher, verhandelt mit den Städten.

Wenn ich ankomme, ist alles schon organisiert. Die Absperrungen sind da, Kassierer angeheuert. Angermund wacht darüber, daß die Schaulustigen an den Kassen vorbeigeschleust werden, keinen anderen Weg nehmen.

Ich komme, fliege mein Programm herunter. Anfangs macht's viel Spaß. Ich jage Ballons, rolle Turns, drehe Loopings. Die Leute klatschen. Aber allmählich wird man müde.

Filmflug am Montblanc

Abends, wenn alles vorbei ist, hole ich Angermund ab. Er steht dann da wie ein Feldwebel vor der Kompanie. Die Kassierer sind angetreten, laden ihre Last an Mark und Groschen ab. Er rechnet's nach, schaufelt den Segen in einen Waschkorb hinter sich.

»Komm«, sage ich. Und dann gehen wir und setzen uns irgendwo hinter einen Schoppen.

Manchmal erzählt Angermund, was die Leute so sagen. Das kann ganz lustig sein. Als ich mit stehendem Propeller Sturzflüge vorführe, erklärt eine helle Berlinerin: »Siehst du, jetzt kann er nicht mehr, jetzt muß er runter.« Und als ich in Leipzig meine Loopings dicht über dem Boden drehe, meint ein flugbegeisterter Sachse: »So niedrig traut er sich. Der soll mal ruffgehn!«

Turn über Berlin

Meistens aber sprechen wir vom Krieg. »Weißt du noch«, sagt Angermund, »wie dich der verrückte Franz abschoß? Er saß da wie eine Bildsäule. Und als er dich sah, hat er dir die Kiste vollgehustet. Ich habe ihn neulich getroffen. Er ist jetzt Rechtsanwalt.«

Ja, so leben wir. Wir stehen in der Gegenwart, kämpfen ums tägliche Brot. Es ist nicht immer leicht. Ein ausgefallener Flugtag kann den Monatsetat umwerfen.

Aber die Gedanken wandern zurück in die Zeit, in der es sich lohnte, ums Leben zu kämpfen.

Im Segelflugzeug in den Alpen

Vier Männer in Afrika

Ein junger Mann mit einem Herzen für Abenteuer hat eine Expedition nach Ost-Afrika ausgerüstet. Mit Flugzeugen und Filmkamera.

Wir sitzen, vier Männer, im offenen Zelt. Schneeberger, der Filmoperateur, ein kleiner, jäher, sehniger Bursche. Im Krieg war er der Held von der Tofana. Hat den Schreckenstein gehalten, nachdem er vom Feind in die Luft gesprengt war. Mit acht Mann unter dreißig Toten. Er spricht wenig, aber man kann Häuser bauen auf jedes Wort, das er sagt.

Im Innern Afrikas

Dann ist Suchocky da und ich. Wir sind die beiden Flieger der Expedition.

Der vierte, Vater Siedentopf, erzählt. Er erzählt die berühmte Geschichte vom Schuß auf Köttersheim.

Draußen vor dem Zelt steht die afrikanische Nacht. Schakale heulen, kreischendes Lachen der Hyänen und das weiche, tiefe Rauschen der Urwaldwipfel hinter uns wie Meeresbrandung. Wenn man vors Zelt tritt, kann man die Fläche der Serengeti gespenstisch im Mondlicht schimmern sehen, glatt wie ein See bei Windstille.

Siedentopf erzählt. Von Zeit zu Zeit glüht seine Shagpfeife auf, schwebt wie eine feurige Kugel in der Dunkelheit, beleuchtet sein mageres, ausgegerbtes Gesicht. Er ist früher einmal einer der reichsten Männer von Deutsch-Ost gewesen. Hat einen ganzen Krater besessen voll fruchtbarer Lavaerde, voll Wild und Wasser, groß wie ein deutsches Fürstentum.

Er hat alles wieder verloren. Jetzt ist er Führer und Berater unserer Reisegesellschaft.

»Ich sehe«, erzählt er, »wie drüben in der eisenbeschlagenen Tür des Forts ein Guckloch aufgeht. Ein Guckloch wie in einem Theatervorhang. Wir liegen dreihundert Meter entfernt in Geländedeckung. ›Jetzt sollt ihr was erleben‹, sage ich zu meinen Jungens, ›dies Bouillonauge schwimmt auf Siedentopfs Suppe.‹ Ich lege an, ziele, drücke ab. Das Guckloch drüben schließt sich, der eiserne Deckel dahinter fällt herunter. Ich habe meinen Mann getroffen. Es war —«

»Der englische Kommandant von Köttersheim«, fällt ihm Schneeberger ins Wort, »und nun wollen wir in die Schlafsäcke kriechen.«

Siedentopf steht auf. »Es ist ein Kreuz«, sagt er traurig, »jeder Mensch kennt die Geschichte von Köttersheim. Vom Kap bis rauf zum Sudan. Aber *euch* habe ich sie doch erst dreimal erzählt...«

Wir kreuzen jeden Tag über der Serengeti. Wild treffen wir immer. Riesige Gnuherden, vor den fremden Vögeln davonstiebend, Gruppen von Giraffen, Löwen in Rudeln, mächtige, dickbeinige Rhinozerosse, die hinter unserem Schatten herlaufen. Mit ihrem kurzen Horn stoßen sie wütend in die Luft.

Es ist blendend hell, in der glasklaren Luft können wir von oben Hunderte von Kilometer weit sehen. Trotzdem ist das Arbeiten schwer. Vom Flugzeug aus sausen die Bilder so schnell vorbei, daß die Kamera sie nicht packen kann. Wir müssen mit gedrosseltem Motor gegen den Wind ganz dicht über der Erde entlangstreichen. Nur so sind brauchbare Tierbilder zu bekommen.

Eine Löwengruppe, zwei Männchen und drei Weibchen.

Ich fliege sechs Meter hoch über ihnen, fotografiere, den Knüppel zwischen die Beine geklemmt.

Die Löwen heben ein paarmal den Kopf, äugen mißtrauisch nach oben, aber sie bleiben liegen. Anders die Weibchen. Sie haben sich aufgerichtet, lassen das Flugzeug nicht aus dem Auge, peitschen mit kurzen, nervösen Schlägen den Sand.

Plötzlich schnellt eines vom Boden auf bis dicht unter die rechte Tragfläche meiner Maschine. Ich bin so verblüfft, daß ich beinahe die Kamera fallen lasse.

Suchocky und Schneeberger folgen mir im zweiten Apparat. Sie fliegen sehr langsam, kaum drei Meter hoch. Ich drehe mich um, winke, will sie warnen.

Da geschieht's auch schon. Wie ein Blitz zuckt der gelbe Körper der Löwin vom Boden hoch. Ein Prankenhieb gegen die Tragfläche, Suchockys Maschine bekommt Schlagseite, streift den Boden, richtet sich wieder auf, saust kaum meterhoch über der Erde nach Osten auf unser Zelt zu. Ein langer, silberner Stoffstreifen flattert hinter ihr her.

Die Löwin setzt zum Sprung an auf die wenige Meter über dem Boden fliegende Maschine

Die getroffene Löwin wälzt sich im Sand. Die andern Katzen sind aufgestanden, starren uns nach.

Im Kamp stellen wir fest: der Stirnholm ist durchschlagen, der rückwärtige Holm und die Verwindungsklappe angerissen. Der Schlag muß von furchtbarer Wucht gewesen sein. Deutlich kann man die Krallen erkennen, Haare, kleine Blutspritzer.

Ich habe es nur dies eine Mal erlebt, daß Tiere ein Flugzeug in der Luft angreifen. Sonst attackieren sie uns nur, wenn wir landen, in ihr eigenes Revier eindringen.

Wir fliegen über den Tälern des Esimingor. Suchocky und Siedentopf in ihrer »Klemm«, ich allein in der kleinen »Motte«. Unter uns Dornengestrüpp, das verstaubte, stumpfe Grün der Euphorbienwälder.

Wir wollen landen und Aufnahmen machen. Suchocky schwebt zuerst aus. Er hat den Boden schon fast berührt, da reißt er die Maschine wieder hoch.

Ein runder, flacher Stein, der im Gelände lag, hat sich erhoben, stürmt hinter ihm her: ein Rhinozeros.

Es geschieht alles so schnell, daß ich kaum mit den Augen folgen kann. Suchockys Maschine taumelt, schlägt gegen einen Termitenbau, kracht zu Boden.

Eine Staubwolke quillt auf, der Apparat liegt da, das zerbrochene Fahrgestell in der Luft.

Ich lande direkt neben ihm. Das Rhinozeros stampft um den Platz herum, zieht immer engere Kreise. Zwei Büchsenschüsse, der Dickhäuter verschwindet schnaubend im Busch.

»Suchocky, Siedentopf!« schreie ich.

Eine klägliche Stimme antwortet: »Hier!« Suchocky muß durch die Wucht des Anpralls nach hinten in den Rumpf der Maschine hineingeschleudert sein.

Es ist unmöglich, die Klemm aufzurichten, zu schwer für einen einzelnen. Ich hole mein Buschmesser, reiße die Flanke des Flugzeugs auf.

Mühsam kriecht Suchocky heraus, streckt sich auf den Rasen, liegt steif da. Der Bruch scheint ihn furchtbar durchgeschüttelt zu haben.

Ich laufe um das Flugzeug herum, suche Siedentopf. Da – eine braune Hand – sie ragt unter dem Rumpf hervor, regungslos.

Schneeberger und Suchocky betrachten das von der Löwin beschädigte Flugzeug

»Siedentopf!« schreie ich. »Siedentopf!« und trete mit aller Kraft gegen den Rumpf des Flugzeugs.

Stille.

Endlose Sekunden, dann die Stimme des alten Afrikaners:

»Verfluchte Schweinerei, das stinkt ja wie die Pest in diesem Affenkasten!«

Nach fünf Minuten habe ich ihn mit dem Buschmesser befreit.

Ich fliege die beiden zum Kamp zurück. Suchocky muß sich sofort legen, aber Vater Siedentopf erscheint abends wieder zum Essen im gemeinsamen Zelt. Krumm und lahm, aber er schimpft und futtert Corned Beef für zwei.

Drei Monate später – wir sind schon längst nach Deutschland zurückgekehrt – besuche ich Suchocky im Berliner Krankenhaus. Er hat ein ganz kleines Gesicht wie ein zehnjähriges Kind und wiegt noch achtzig Pfund. Leberschrumpfung, sagen die Ärzte.

Er zeigt mir einen Brief von Vater Siedentopf. Der alte Troupier ist zum Skelett abgemagert. Er hat in den letzten Wochen fünfundzwanzig Pfund verloren, schreibt er.

Sie sind beide fast am gleichen Tage gestorben.

Ich glaube, die Stelle, wo sie Bruch gemacht haben, war von Aas verpestet. Die Mediziner, mit denen ich über den Fall gesprochen habe, zucken die Achseln. Aber was es war, wissen sie auch nicht zu sagen.

*

Suchocky und Siedentopf sind ausgeschaltet, Schneeberger und ich arbeiten allein weiter. Wir verlegen unseren Arbeitsplatz nach Babati ins Gebiet der Ufiume-Neger.

Am frühen Nachmittag fliegen wir los, drei Viertelstunden später landen wir. Mit dem Auto wäre es eine Reise von zehn Stunden gewesen.

Wir steigen im Feigenbaum-Hotel ab. Schon von oben ist es uns aufgefallen. Vier kleine, runde, strohgedeckte Hütten, wie Bienenkörbe in die endlose Weite der Steppe hineingestellt. Dicht dabei ein flacher, langgestreckter Bau, wie ein Siedlungshaus für Bergarbeiter. Ein riesiger Feigenbaum reckt seine dunkelgrüne Laubkrone darüber zum Himmel auf.

Das Hotel hat Lord Lovelace errichtet, mitten in der Steppe, für Autotouristen und Flieger. Eins der merkwürdigsten Gasthäuser, in denen ich je gewohnt.

In jeder der Hütten stehen zwei saubere, weißbezogene Betten, sonst fast gar nichts. In dem Hauptgebäude aber ist eine Bar untergebracht, sie würde jedem europäischen Luxushotel Ehre machen. Martell ist da, Hennessy, Meukow und alter Black and White.

Wir räkeln uns auf den Zuckerkisten an der Theke, genießen die Zivilisation in flüssiger Form. Die Tür ist offen. Man sieht auf den baumbeschatteten Vorplatz und weiter hinaus, wo das Ende der Steppe am Horizont verschwimmt. Ein paar Negerweiber gehen vorüber, Tongefäße auf dem Kopf. Schlanke Gestalten mit eigentümlich schwebendem Gang.

»Werden gute Arbeit hier haben, schätz' ich«, sagt Schneeberger Ich nicke.

Der Himmel hat sich langsam umzogen. Schon auf dem Herflug lag im Nordosten ein hauchdünner Wolkenschleier. Er wächst, wird zur Wand. Ein blauer Schatten wandert über die gelbe, sonnenzitternde Erde.

»Wäre gut, die ›Motte‹ unter Dach zu bringen.«

Wir gehen hinaus, wo auf dem kleinen Flugplatz der Apparat steht, Es ist schon sehr dunkel geworden, das Stahlblau der Himmelskuppel mit einem schwarzen Bahrtuch verhängt. Wir fassen die Segelplane, wollen sie unserer ›Motte‹ überziehen.

In diesem Augenblick reißt der Himmel entzwei. Ein Wirbelwind fegt herunter, zerrt das Segel weg, treibt das Flugzeug und uns selbst wie dürre Blätter vor sich her. Und dann gibt's nur noch Wasser.

Regentropfen sind nicht zu unterscheiden, eine kompakte Flut stürzt auf uns hernieder, schäumt zu unseren Füßen auf.

Nur eine Minute kann das gedauert haben. Dann geht der Wolkenbruch in Regen über.

Vor mir, kaum fünfzig Meter entfernt, die ›Motte‹. Die traurigen Überreste der ›Motte‹.

»Schneefloh!« rufe ich kläglich.

Hinter den Flugzeugtrümmern taucht er auf, die Haare in wirren Strähnen im Gesicht, sieht aus wie eine gebadete Ratte.

Der Mixer hat unsere Gläser schon weggestellt. »Ich dachte, die Herren kämen nicht wieder«, sagt er freundlich lächelnd. Wir lassen uns neuen Martell geben, diesmal in Wassergläsern. Aus medizinischen Gründen, denn wir schlottern vor Kälte.

Elefantenherde bei Lohme

Sollen wir kapitulieren? Die tote ›Motte‹ liegenlassen und nach Hause zurückfahren? Oder einen neuen Anlauf nehmen, die zerschmissene Kiste flicken und wieder starten?

Der Martell wärmt wie ein Heizkörper den Magen. Draußen hat sich das Gewitter verzogen, die Abendsonne leuchtet grell im Westen. Funkelnde Pfützen, Tautropfen am Steppengras, dampfend steigt die Feuchtigkeit vom Boden auf.

Wir werden weiter fliegen.

Am nächsten Tag fahren wir nach Aruscha. Wir holen unseren Monteur Baier aus dem Lager der Reisegesellschaft, nehmen aus Aruscha zwei deutsche Zimmerleute mit, Meister Glaser und Meister Bleich. Mit großen Leimtöpfen und viel Eifer stürzen sie sich auf die neue Aufgabe.

Tage haben sie zu tun. ›Schneefloh‹ hopst draußen mit der Kamera herum, nimmt schlanke Babatimädchen auf, breitbrüstige, stolze Männer und viele Negerkinder. »Sie sind so nett«, sagt er, »weil man den Schmutz an ihnen nicht sieht.«

Ich aber habe viel Zeit.

Es verkehren merkwürdige Leute in Lord Lovelaces Feigenbaum-Hotel. Autotouristen meist, dunkle Gestalten manchmal, die in dunklen Geschäften irgendwo zu den Stämmen nach Süden wollen. Anziehender sind die Einheimischen, die Farmer. Wer hier leben kann, jahrelang in dieser Einsamkeit, muß ein Kerl sein, oder er verlumpt.

Da ist ein Amerikaner, groß, breitschultrig, mit hoch gewölbtem, kahlem Schädel. Er kommt alle zwei, drei Tage an die Bar, kippt drei Black and White, zahlt und geht wieder. Er heißt Sullivan. Der Barkeeper erzählt, daß Sullivans Frau ihm weggelaufen ist. Sie soll sehr schön gewesen sein. Er wartet noch immer auf sie.

Eines Abends kommen wir in ein Gespräch. Einen echten Männer-Speech über Kakaobohnen, Baumwollpflanzungen und die neuen Zölle im Empire. Am Schluß lädt er mich für den nächsten Tag zu einer Büffeljagd ein.

Schon im Morgengrauen holt er mich mit dem Auto ab. Der Wagen schaukelt über die Steppe, daß die Baumgruppen auf und nieder schwanken wie Inseln im Nebel.

An einem kleinen Gehölz machen wir halt. Ein großer Felsblock davor. Sullivan deutet hinauf, es ist wie eine natürliche Jagdkanzel. Er selbst taucht im Dickicht des Gehölzes unter, er will die Treiberkette anleiten. Ich bleibe allein. Vor mir der Wald wie eine grüne Mauer, dahinter, im Sonnenglast zitternd, die Weite der Steppe. Es ist still. Mittagsstille. Zikaden schrillen im braunen Gras, aus den Baumwipfeln fliegt mißtönig ein Vogelschrei. Die Träger drücken lautlos. So hellhörig ist der Büffel.

Ein Rascheln. Ein schwarzer Kopf mit breit ausladendem Gehörn schiebt sich durch die Blätterwand. Der Büffel wittert, tritt ins Freie. Es ist ein starker, alter Bulle. Ein Einzelgänger, der abseits von der Herde seine letzten Tage verbringt.

Er ist achtzig Meter entfernt, ich lege an und schieße. Er zuckt zusammen, dreht sich schwerfällig um, trabt ins Gehölz zurück.

Gleich darauf erscheint Sullivan. Er winkt mir, ich laufe hin. Mit dem Stock deutet er auf die dunkelgrünen Blätter eines Buschs, hellrotes, schaumiges Blut.

»Lungenschuß«, sagt er anerkennend.

Wir verabreden, daß ich mich diesmal an einem andern Platz aufstelle. In der freien Steppe, dreißig Meter vom Waldrand entfernt. Sullivan geht wieder zu den Treibern zurück.

Jetzt höre ich den Büffel schon lange vorher. Schnaubend und keuchend bricht er durchs Unterholz. Dann steht er da, den Kopf gesenkt, die kleinen blutunterlaufenen Augen fest auf mich gerichtet. Ich gebe ihm den Fangschuß, im Feuer bricht er zusammen.

Langsam schlendre ich zu ihm hin. Er liegt da, regt sich nicht mehr. Blut läuft ihm aus dem Maul, tropft aus einer Wunde im Kopf, sickert in den Sand. Ich sehe auf ihn hinunter. Es ist keine Heldentat, einen Büffel zu schießen. Die Waffen sind zu ungleich bei diesem Kampf.

Mit Geschrei stürzen die Schwarzen aus dem Dickicht hervor, Sullivan ist unter ihnen.

»Wollen Sie sich nicht vor Ihrer ›Strecke‹ fotografieren lassen?« fragt er.

Ich schüttle den Kopf. Ich habe die Ironie seiner Frage verstanden, aber ich würde es auch sonst nicht tun.

»Das ist gut«, sagt er, »es hätte mich enttäuscht, wenn Sie auch zu den Leuten gehört hätten.« Was für Leute er meint, sagt er nicht.

Die Schwarzen fallen mit langen Messern über den Büffel her, weiden ihn aus, schneiden große Fleischstücke aus den Keulen. Ein Feuer wird angezündet. Das Fleisch wird am Spieß gebraten. Ein bißchen zäh ist es schon, aber sehr schmackhaft.

Wir fahren im Auto durch die Steppe zum Feigenbaum-Hotel zurück. Die Sonne steht schon westlich, ein feuriger Ballon, die ganze Landschaft schwimmt in rotem Dunst.

»Sie haben keine Ahnung«, beginnt Sullivan, »wie hier die Jagd betrieben wird. Kommt so ein Bursche daher, der sein Leben lang nichts anderes gejagt hat als Dollars. Schon vom Schiff aus depeschiert sein Sekretär an den White Hunter in Nairobi: »Mister Moneymaker wünscht drei Löwen zu schießen, zwei Büffel und einen Elefanten. Möglichst in drei Tagen.« Der White Hunter besorgt den Jagdschein von der englischen Regierung, rüstet die Expedition aus vom Küchenchef bis zur letzten Patrone. »Safari« nennen sie das. Dann geht's los ins Jagdrevier. Der Löwe steht schon da, frißt das Zebra, das man ihm vorgeworfen hat.

Der Herr mit den Dollars schießt, der Löwe fällt um. »Solch einen hat selbst der Prinz von Wales nicht gekriegt«, flüstert der White Hunter und schließt die Augen. So kann er den dummen Stolz im Gesicht des Jägers und die kahlen Stellen im Fell des gefällten Simba nicht mehr sehen, den der Hunger des Alters ins Verderben trieb.

Dann läßt sich der Mann aus USA. fotografieren, über seiner Beute. Meist mit dem Fuß auf der Löwenmähne.

Wenn der White Hunter noch nicht ganz hartgesotten ist, schämt er sich. Denn er ist auch einmal ein Jäger gewesen, aber das Geld hat ihn versaut. Jetzt verkauft er sich als Führer an Jagdexpeditionen. Reich und fett wird er dabei, hat Autos, Villa und Dienerschaft. Doch die weidgerechte Jagd geht darüber zum Teufel.

Die Sonne ist hinter dem Horizont verschwunden, der Mond steht über der Ebene. In den Babatidörfern singen die Weiber.

Schneeberger schläft schon, als wir zum Feigenbaum-Hotel zurückkehren. Wir lassen einen Tisch draußen vors Haus stellen und trinken da.

»Einmal habe ich einen gekannt«, sagt Sullivan. Er trinkt den Whisky ohne Soda, wie Wasser, in großen, durstigen Schlucken. »Ein Jäger war das! Er kam hier runter auf Großwildjagd. Nimmt sich einen White Hunter, denn Geld hat er.

Der White Hunter besorgt ihm den Löwen. Ein altes Tier, das friedlich sein Zebra-Kotelett verspeist.

Was tut mein Mann, als er ihn sieht?

Er lacht laut auf, schultert seine Büchse, sagt: ›Kühe kann ich auch zu Hause schießen.‹

Kurz danach habe ich ihn hier im Feigenbaum-Hotel getroffen. Ein Kanadier war's, ein toller Kerl. Flieger, Rennfahrer, ein paarmal gestürzt, zusammengeflickt wie ein alter Autoschlauch. ›Das Leben ist Dreck‹, sagt er, ›Spaß macht's nur an der Grenze, wo der Tod anfängt.‹

Er wollte mit den Eingeborenen jagen, ich habe ihm einen Massaihäuptling vermittelt.«

»Hast du mal gehört«, fragt mich Sullivan – vom dritten Glas ab hat er mich geduzt –, »wie die schwarzen Burschen hier auf Elefanten gehen?

In der Nacht, wenn die Herde schläft, schleicht der Jäger, nur mit einem kurzen, breiten Buschmesser bewaffnet, in das Unterholz, wo sie die Nacht zubringen.

Es muß mondlos sein, sonst sehen sie ihn sofort. Er nimmt den stärksten Bullen an wegen des Elfenbeins. Schlägt ihm mit einem Hieb den Rüssel ab, verschwindet im Unterholz. Drei Sekunden hat er Zeit. Ist er in der dritten Sekunde nicht fort, findet man den Mann nicht mehr.

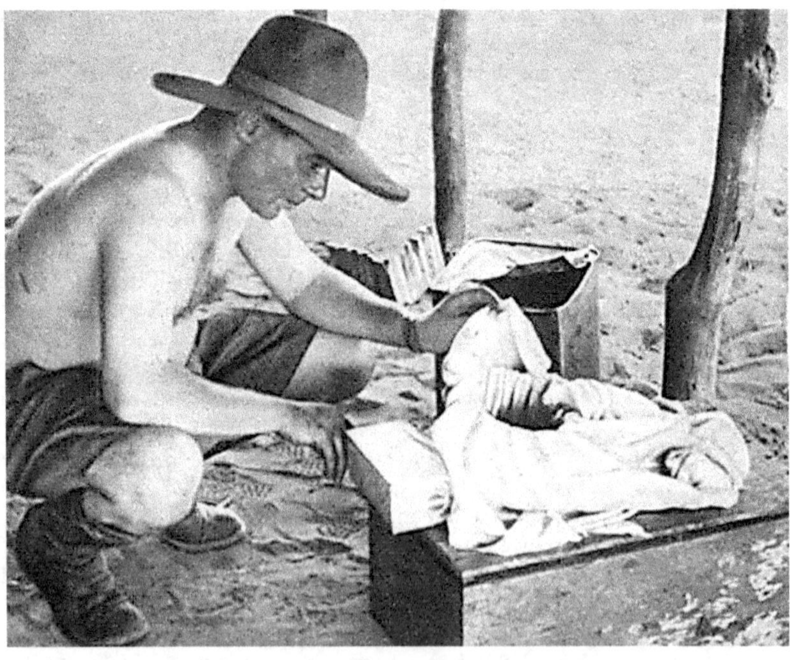

Ich filtere Wasser für den fieberkranken Schneeberger

Der getroffene Bulle springt hoch, irrsinnig vor Schmerz, rast durchs Gehölz in die Steppe hinaus. Rückwärts. Denn ein Elefant ohne Rüssel kann nicht mehr vorwärts laufe«. Nach fünfzehnhundert Meter bricht er zusammen, verblutet.

Eine Biesterei ist das, gewiß. Aber es ist ein ehrlicher Kampf, gleich zu gleich. Auf zehn tote Elefanten kommt mindestens ein toter Mann.

Der Kanadier hat mir's erzählt. Er hat einmal eine solche Jagd mitgemacht.

Vier Monate ist er mit den Massais unterwegs gewesen, dann tauchte er wieder in der Gegend auf.

›Na?‹ frage ich.

›Es hat sich gelohnt‹, sagt er.

Sie haben einen Löwen getroffen. Einen von den Einzelgängern, die allein durch die Steppe ziehen. Solche Tiere sind so selten wie große Menschen.

Sie fressen niemals Aas, schlagen nur junge, frische und starke Tiere. Saufen das Blut ab, nehmen etwas vom zartesten Fleisch am Halse, lassen das Opfer liegen. Für die übrigen.

Denn in ihrem Gefolge ist immer ein Schwärm von kleineren Löwen. Ein Hofstaat, der sich von den Resten der königlichen Tafel nährt. Einen solchen Löwen haben sie aufgespürt und ihn verfolgt. Frische Tierkadaver zeichneten seinen Weg. Nach wenigen Tagen sind die Massais umgekehrt. Sie waren zu weit weg von ihren Dörfern und Weibern. Sie wollten heim.

Der Kanadier aber ist auf der Fährte geblieben. Was ein Jägerhirn an Listen ausdenken kann, hat er versucht, um den Löwen zu stellen. Junge Kälber haben nachts blökend in der Steppe gestanden, er selber hockte oben auf der Kanzel, von Moskitos bis aufs Blut gepeinigt. Er hat sich im Bauch eines ausgeweideten Zebras versteckt, aber der Löwe kam nicht.

Tagelang hat et das Tier verfolgt, er ist mager dabei geworden. Dann hat er es getroffen.

Auf einer Lichtung im Steppengras war's. Der Löwe stand da, kaum fünfzig Meter vom Mann entfernt. Der riß die Büchse an die Backe – und schoß nicht. Er konnte nicht schießen.

Nur ein Jäger kann das verstehen. Er hatte plötzlich die Empfindung: das Tier da drüben, dies stolze, königliche Tier, steht dir näher als mancher Mensch. Er setzte die Büchse ab und sah den Löwen an. Und der Löwe starrte zu ihm herüber mit seinen topasgelben, traurigen Augen.

Im welken Steppengras, das die Lichtung säumte, tauchten die gelben Katzenköpfe anderer Löwen auf. Das Gefolge war da, witterte Beute. Plötzlich schoß einer hinaus auf die Lichtung, direkt auf den Mann zu.

Der große Löwe wandte den Kopf. In drei Sätzen war er bei dem andern, ein Prankenschlag ins Genick, und wie vom Blitz gefällt brach der kleine zusammen.

Der Kanadier ging zu den Trägern zurück. Er ging langsam, sah sich manchmal um. Aber der Löwe folgte ihm nicht.«

»Wenn ein anderer als er mir diese Geschichte erzählt hätte«, sagt Sullivan, »würde ich nur gelacht haben. Aber aus dem Munde dieses Mannes ist niemals ein unwahres Wort gekommen... Übrigens«, fährt er nach kurzem Nachdenken fort, »kann man sich den Hergang ganz nüchtern erklären. Der junge Löwe hatte sich gegen das Recht des Stärkeren vergangen.«

»Deinen Kanadier möchte ich kennenlernen«, sage ich.

Sullivan steht auf. »Tot«, sagt er. »Bei einem Überlandflug unten im Süden abgestürzt und verbrannt. Viel soll nicht übriggeblieben sein.«

*

Die Regenzeit naht. Der Horizont ist mit grauen Schleiern verhangen. Der Kerntrupp der Expedition ist schon von Aruscha aufgebrochen und in Autos zur Küste gefahren. Schneeberger und ich aber wollen zurückfliegen. Wir nehmen unsere Reservemaschine, eine B. F. W. Die ›Motte‹ ist zwar zusammengeflickt, aber für einen solchen Langstreckenflug nicht mehr zu gebrauchen.

Der Tag unseres letzten Starts ist wie ein Volksfest. Die Babati-Mädchen springen mit hüpfenden Brüsten um das Flugzeug herum, der Barkeeper schwenkt sein weißes Mützchen, auch Sullivan ist von seiner Farm herübergekommen. Er trägt ein Paket unter dem Arm, in starkes braunes Papier gewickelt. Wie ein Kinderwagen sieht es aus. Aber es sind die Hörner des Büffels, den ich vor Tagen mit ihm geschossen habe.

»Sie sind ein Jäger«, sagt er. Er schüttelt mir die Hand, als wollte er mir den Arm ausreißen. Das ist die größte Liebeserklärung, deren er in nüchternem Zustand fähig ist.

Dann fliegen wir ab.

Die flache Steppe verschwindet, die dreitausend Meter hohen Zacken des Mau-Randes greifen zu uns herauf, der riesige, blitzende Silberschild des Victoria-Sees, und dann, unabsehbar nach Norden sich dehnend, das grüne Wipfelmeer der Urwälder. Ein faulig-süßlicher Verwesungsgeruch steigt von da auf.

Schneeberger arbeitet, macht Gegenlichtaufnahmen.

Plötzlich ein Klopfen, als wenn jemand von unten her mit dem Hammer gegen das Flugzeug schlägt. Ich sehe nach vorn, der Reservetank hat sich aus den gerissenen Haltebändern gelöst, schlingert hin und her. Ich sehe nach unten, Baumwipfel, achtzig Meter hohe Stämme, keine Lichtung, keine menschliche Siedlung, Ausschweben und Landen unmöglich. Links die Wasser des Victoriasees. An den flachen Ufern, träge wie treibende Baumstämme, Krokodile. Ganz deutlich kann man sie erkennen. »Helm ab zum Gebet!« denke ich.

Da steht Schneeberger auf, wirft sich mit dem Oberkörper nach vorn, umklammert den Tank mit beiden Händen, hält ihn mit dem Gewicht seines Körpers auf der Unterlage fest. Damit die Leitung zum Vergaser nicht zerbricht. Wenn er ihn bis Jinja halten kann, sind wir gerettet. Wir streichen jetzt dicht über den Wipfeln hin. Der Geruch des Waldes ist unerträglich, aber oben in der Höhe wird es kalt, vielleicht kann Schneeberger hier länger halten.

»Kannst du noch, Floh?« schreie ich. Das Dröhnen des Motors verschlingt die Worte.

Er antwortet nicht, aber sein kleiner, sehniger Körper liegt wie angegossen über dem Tank.

Jinja, das Ibis-Hotel. Ein Stück europäischer Zivilisation mitten in die afrikanische Wildnis hineingeschleudert. Wir schweben aus, landen. Ich muß Schneeberger aus der Maschine helfen. Er ist steif von der ungeheuren Anstrengung. In der Nacht bekommt er Fieber.

Ein Ford-Vertreter hilft uns, den Schaden zu reparieren.

»Halten Sie sich immer längs der großen Autostraße durch den Sudan«, sagt er uns beim Abschied – »für alle Fälle...«

Über Lado sichten wir Elefantenherden. Zu Hunderten traben sie im Paßgang durch das hohe Gras. Staub wölkt sich wie Dampf vor ihnen auf.

Benzinrohrbruch. Wir müssen landen. Unter uns Sumpf und Busch. Zurück zur Autospur. Da – eine Sandstelle, wunderbar eben. Es ist doch gut, wenn man Ziellandungen geübt hat. Auf knapp fünfzig Meter rollt die Maschine aus.

Wir sind im Sudd, dicht am Autotrack, wo alle acht bis vierzehn Tage ein Wagen vorbeikommt. Der Boden strahlt Backofenhitze aus, kein schützendes Haus in der Nähe. Wir werfen die Zeltplane über die Maschine, legen uns darunter. Schneeberger stöhnt im Fieber nach Wasser.

Ich mache mich auf die Suche. An einer Stelle ist der Rasen grüner, dort muß Feuchtigkeit sein. Ich suche nach, brackiges Sumpfwasser steht braungelb in einem Loch. Ich koche es ab in leeren Ölkannen. Es ist eine umständliche Arbeit. Ich filtriere es durch meinen Schlafanzug. Schneeberger trinkt's in kurzen, durstigen Zügen. Meine Herstellung kann mit seinem Verbrauch kaum Schritt halten. Gegen Abend streichen ein paar Neger ums Zelt herum. Ich winke ihnen, sie verschwinden wieder. Endlich nähert sich einer. Es ist der Häuptlingssohn.

Die Verständigung ist schwer. Aber schließlich erfahren wir, daß wir bei den Lau-Negern gelandet sind. Flugzeuge kennen sie, sie sind voll Furcht und Unterwürfigkeit.

Doch als sie merken, daß unser Vogel flügellahm ist, ändert sich ihr Benehmen sofort. Wir sind irgendwie auf sie angewiesen, sie lassen uns das fühlen.

Ich bitte um Milch. Nach vier Stunden bringt der Neger unsere leere Feldflasche zurück, streckt die Hand aus. »Fünf Schilling«, sagt er. Ich zucke die Achseln, biete ihm ein Zigarettenetui an. Es ist aus Messing, Münchener kunstgewerbliche Arbeit, aber es glänzt wie Gold. Er nimmt es, betrachtet es genau, kratzt am Druckknopf. Wahrhaftig, er sucht den Stempel. Dann schürzt er verächtlich die dicken Lippen, reicht's mir zurück.

» No gold«, sagt er.

Die Glasperlen, die ich mit mir führe, wage ich ihm schon gar nicht mehr anzubieten.

Zwei Tage liegen wir hier fest. Es steht schlimm um Schneeberger, die Lau-Neger werden von Stunde zu Stunde frecher. Ich muß immer beim Zelt bleiben, um zu verhindern, daß sie uns bestehlen. Die Hitze ist unerträglich, das Hirn wie ausgedörrt. Allmählich kommt man in dumpfe Verzweiflung, der kranke Freund, keine Lebensmittel, die ungastlichen Neger. Und dann steht die Regenzeit vor der Tür. Es kann Wochen dauern, bis ein Auto hier entlangfährt. Am Morgen des dritten Tages in der Ferne ein leises Summen... es schwillt zum Dröhnen an... der Gesang eines Flugzeugmotors. Es taucht auf, eine kleine ›Puß-Motte‹ ist's. Ich reiße Schneeberger die Decke weg, winke, obwohl er das leuchtende Silber unseres Vogels schon bemerkt haben muß.

Der Flieger umkreist uns zweimal, landet. Ein schlanker, drahtiger Mensch in Khaki. »Campbell Black«, stellt er sich vor. Er bringt uns Zigaretten mit und vor allem Wasser, frisches Trinkwasser. Die Shell-Station in Juba, wo wir zuletzt getankt haben, hat hinter uns her telegrafiert, nachgefragt, ob wir angekommen sind. Am Nachmittag landet ein großer Militärzweisitzer, bringt uns Reparaturwerkzeug, neuen Betriebsstoff und eine Einladung zum Wing Commander Sholte Douglas nach Chartum.

Schon am nächsten Abend sind wir dort. Der Oberst empfängt uns lächelnd.

Ich will mich bedanken, aber er winkt ab.

»Wir haben neunzehnhundertsiebzehn an derselben Front gestanden«, sagt er, »und das kittet. Selbst wenn es auf der anderen Seite war.«

Amerika im Fluge

Die Luft zittert vom Dröhnen der Motoren. Wenigstens fünfzehn Apparate sind über dem Flugplatz von Cleveland. Rollen, trudeln, loopen, trainieren für das Meeting, das in drei Tagen beginnen soll.

Ich lande. Die Startmannschaften kommen, gleich hinter ihnen ein Mann mit Hornbrille und Starterliste.

» Colonel Udet from Germany?« fragt er.

»Jawohl, Oberleutnant Udet.«

»Bei uns sind Sie als Colonel gemeldet.« Er steht mich streng an.

»Tut mir leid, bin bloß Oberleutnant.«

»Na, einigen wir uns auf Major«, meint er, tippt mit dem Bleistift an den Mützenrand.

Ein paar Herren in großkarierten Anzügen, Reporter von der Clevelander Lokalpresse. Sie wollen den »Flamingo« sehen, das berühmte Kunstflugzeug.

Ich zeige auf den Apparat: »Hier ist er.« Sie sehen die Maschine an, sehen mich an. Der »Flamingo« ist jetzt acht Jahre alt, war der erste Vogel seines Typs. In seiner Jugend sah er stattlich aus.

»Ach, wie interessant«, sagen die Herren von der Presse. Sie sind höfliche Leute, sie wollen den ausländischen Gast der National Air Races nicht beleidigen.

Ich bleibe noch eine Weile auf dem Flugplatz, sehe dem Training der anderen zu. Schneidige Burschen! Mit ihren schweren, starkpferdigen Maschinen sausen sie wie Granaten in der Luft herum. Wird schwer sein, sich gegen diese Konkurrenz zu behaupten, denke ich. Mein Spatz mit seinen hundert PS muß gegen Falken fliegen.

Über mir das Sausen einer Rennmaschine. Sie umrundet den Pylon. Im gleichen Moment zischt eine weiße Benzinfahne auf, dunkler Rauch quillt hinterher. Der Apparat brennt.

Blitzschnell reagiert der Flieger, wirft die Maschine auf den Rücken, zieht nach oben, läßt sich herausfallen. In Kirchturmshöhe öffnet sich sein Fallschirm, kaum fünfzig Meter von mir entfernt kommt er zu Boden.

Ich laufe hin. Er steht da, klopft sich seine braune Manchesterhose ab. Mechaniker kommen übers Feld.

»Unglück geschehen?« fragt er.

Ein Mann im Monteuranzug antwortet: »Gott sei Dank auf freiem Feld.«

»O. K.«, sagt der Flieger, holt seine Camel heraus, zündet sie an. Ich beobachte ihn genau. Seine Hand, die das Streichholz hält, zittert keinen Augenblick.

Im Hotel sehe ich die Meldeliste ein.

Die besten Männer ihrer Länder, stärkste Maschinen.

Und ich soll Deutschland vertreten mit einem Hundert- PS-Flamingo? Mehr Pferdekräfte erlaubt der Friedensvertrag unseren Motoren nicht.

Ich schlafe schlecht die nächsten Nächte. Als einzelner zu verlieren, ist leicht. Man kämpft, gibt sein Bestes. Sieg oder Niederlage stehen nicht in der eigenen Hand. Aber für das Vaterland zu verlieren, ist bitter.

Mein »Flamingo« wird eine Art Berühmtheit in Cleveland. So wie ein Mann, der in Cut und gelben Schuhen zu einem Festbankett geht.

Und dann sind die National Air Races da. Es ist ein strahlender Tag. Wir Flieger des ausländischen Teams werden in Wagen abgeholt, jeder für sich, und begleitet vom Sirenengeheul der polizeilichen Motorradeskorte hinausgefahren.

»National Air Raves«
Großflugtag in Los Angeles

Himmel und Menschen. Aus Cleveland, aus Chikago, aus New York, überallher gekommen. Mit Bahn, mit Auto, mit Flugzeugen. Nationalfeiertag in der Luft, das sind die Air Races.

Um neun Uhr früh beginnt's, dauert bis in die sinkende Nacht. Dann Feuerwerk. Am nächsten Tag geht's weiter. Eine Woche lang, jeden Tag.

»Hunderttausend Besucher«, sagt einer vom Komitee, zieht die Weste über dem Bauch stramm.

Die Kämpfe beginnen. Eine Programmnummer nach der anderen, in lückenloser Folge.

Aufheulend sausen die schweren Maschinen im Sturzflug aus der Luft herunter. Ein Looping über den Köpfen der Menge, senkrecht schrauben sie sich wieder in den Himmel hinauf.

Die Armeeflieger. Wie ein Hornissenschwarm brausen sie heran. Die Menge schreit auf. Dreißig Körper lösen sich von dreißig Maschinen. Dreißig Fallschirme öffnen sich, schweben wie eine große, weiße Wolke zur Erde herab.

» Major Udet Germany!« dröhnt der Lautsprecher übers Feld, während ich in die Kiste klettre.

Dann beginne ich zu arbeiten. Mein Programm habe ich mir vorher genau zurechtgelegt. Es ist klar, ich kann mit den starken Maschinen der anderen nicht konkurrieren. Sie steigen schneller, rollen wendiger, drehen ihre Loopings und Turns in einem Tempo, bei dem der »Flamingo« den Atem verlieren würde.

So habe ich mich auf langsames Fliegen eingestellt, dicht am Boden des Rollfeldes – Parterreakrobatik des Flugsports.

Ich fliege auf dem Rücken, dicht an der Erde. Ich schleife mit der linken Fläche über die Startbahn, daß der Staub aufwirbelt. Ich drehe Loopings mit stehendem Propeller, reiße wenige Meter vor den Tribünen die Maschine wieder hoch. Schließlich ende ich mit einer Tellerlandung genau an dem Platz, von dem ich gestartet bin. Vielleicht hätten die anderen es ebenso gut gemacht, wenn sie in meinem leichten »Flamingo« gesessen hätten. So aber hatten sie ihre schweren Maschinen und ich den Erfolg.

Eddie Rickenbacker, der erfolgreichste überlebende Kampfflieger Amerikas

Als ich lande, springen die Leute von ihren Sitzen auf, schreien, schwenken Hüte, Arme, Tücher.

Ein Funkreporter packt mich, schiebt mich vors Mikrofon. Dort steht schon Colonel Rickenbacker, mit vierundzwanzig Abschüssen Amerikas erfolgreichster Kriegsflieger. Ein großer Mann mit einem hageren, scharfgeschnittenen Gesicht. Wie ein weißer Indianer. Wir stehen erhöht, hoch über den Köpfen der Menge.

»Zum erstenmal sind wir uns bei Soissons begegnet«, sagt Rickenbacker. Seine Stimme rollt hallend über den Platz hin. »Damals flogen wir zu siebzig aus. Und als der Abend sank, kehrten nur zweiundfünfzig in unseren Kamp zurück. Wir haben noch manche Schlacht geschlagen, und noch mancher Mann ist gefallen. Wir beide aber sind am Leben geblieben.«

Rickenbacker reicht mir die Hand. Die Menge bricht in Beifallsgeschrei aus. Wir stehen wie auf unserem eigenen Denkmalssockel, Hand in Hand, mit ehernen Gesichtern.

Plötzlich beugt sich der lange Rickenbacker zu mir herunter, ein Grinsen auf dem hageren Gesicht, klopft vielsagend auf die Gesäßtasche: » Have a drink with me«, raunt er. Es ist drüben noch die Zeit der großen Trockenheit. Ich nicke zurück. Und dann stehen wir wieder wie zwei Bildsäulen, nehmen mit steinernen Gesichtern den Beifall der Menge entgegen.

Bei den Air Races hat jede Nation ihren Ehrentag. Für den »Deutschen Tag« ist eine besondere Überraschung vorgesehen. Nach meinen Schauflügen soll ich Leutnant Wanamaker gegenübertreten. Ich habe ihn im Juli 1918 abgeschossen.

Wanamaker kommt, von seiner Frau begleitet, auf mich zu. Er hat sich offenbar vorbereitet.

» Hallo, Ernest!« tönt er ins Mikrofon, »Sie sind aber dick geworden!« Das klingt burschikos, salopp, wie eben aus dem Handgelenk geschüttelt.

Ich bringe ein Stück Leinwand zum Vorschein, ich habe es hinter dem Rücken verborgen gehalten. Es ist die Nummer seines Flugzeuges, in dem ich ihn damals abschoß.

Und plötzlich ist sein ganzer, wohlpräparierter Humor dahin.

»Das ist aber nett«, stammelt er – »wirklich fein, daß Sie daran gedacht haben.«

Er hat ganz vergessen, daß wir vor dem Mikrofon stehen. »Wissen Sie was«, sagt er, »wenn der ganze Klimbim hier vorbei ist, kommen Sie zu uns nach Acron. Meine Frau würde sich auch freuen. Nicht, Mildred?«

Frau Wanamaker nickt, ein bißchen verlegen. »Ja«, haucht sie. Das Volk unten aber bricht in Jubelgeschrei aus. Wanamakers haben Erfolg. Mehr Erfolg wahrscheinlich, als wenn er seinen munteren Wildwestspeech zu Ende gebracht hätte.

Nach Abschluß der Air Races fahre ich nach Acron hinüber. Wanamakers wohnen mitten im Grünen draußen vor der Stadt. Warmes Nest voll bürgerlicher Behaglichkeit.

Am Abend sitzen wir um den runden Tisch. Wanamaker hat mir zu Ehren deutschen Wein besorgt. Rheinwein. Er schenkt mir ein Glas nach dem anderen ein. Wir plaudern von seiner Stellung, er ist Staatsanwalt geworden. Wir sprechen vom Krieg. Aber die Bilder jener Tage wollen nicht wieder lebendig werden. Erst als ich in meinem Zimmer liege, wird alles wach.

*

Am zweiten Juli 1918 war's, in aller Morgenfrühe. Flakfeuer weckte mich, es klang ganz nah.

Ich lief zum Fenster. »Behrend«, schrie ich, »Apparat fertig machen!« Er galoppierte schon über den Platz zur Halle.

Im Schlafanzug rannte ich hinunter. Noch im Laufen schlüpfte ich in die Pelzkombination. Startete. Stieg auf dreitausend Meter Höhe. Es war eisig kalt. Die Flakwölkchen zeigten den Weg. Zwei Staffeln hatten sich ineinander verbissen. Acht Nieuports gegen sieben Deutsche.

Ich erkannte Löwenhardts gelben Fokker, der einen Gegner verfolgte. Ein anderer setzte sich ihm in den Nacken. Ich mußte ihn abdrängen, Löwenhardt befreien. In die Verfolgung seines Opfers verbissen, schien Löwenhardt die drohende Gefahr nicht zu bemerken.

Aber der Amerikaner vor mir war gleichfalls ahnungslos. Langsam ließ ich ihn in das Visier hineinrutschen. Im nächsten Augenblick hatte der Nieuport vor mir eine Schußgarbe im Motor. Benzinfahne. Er stürzte, fing sich, stürzte wieder und schlug schwer unten auf. Ich landete in der Nähe.

Der Pilot kroch aus den Trümmern heraus. Ich ging an ihn heran, bot ihm eine Zigarette. Er dankte, stellte sich vor, Leutnant Wanamaker. Deutete mit zusammengepreßten Zähnen auf seinen Oberschenkel. »Bruch.«

Die Sanitäter kamen, hoben ihn auf die Bahre. Ein Feldgrauer lief vorbei. »Drei Amerikaner sind eben runtergekommen!« schrie er. Wanamaker fragte, ich dolmetschte. » O, a very good morning for us!« Das war das letzte, was ich von ihm hörte.

An den Wänden des Zimmers hängen Familienbilder. Gruppenaufnahmen und Einzelporträts. Manche ganz altertümlich, Daguerreotypien.

Wenn er gestorben wäre, würde er nie in dieses warme Nest zurückgekommen sein. Dann hätte mich die Frau mit den blonden Haaren gehaßt. Mich, der ihren Mann getötet hat.

*

Als ich in Hollywood ankomme, bin ich ein unbekannter Mann. Zum mindesten am Ruhm der Filmstars gemessen.

Drei Tage später kennt mich jeder vom Bau. Ich werde eingeladen, herumgereicht, interviewt.

Ein großer Mann vom Film hat nach meinem ersten Flugtag gesagt: »Mit diesem Major Udet werde ich bald etwas zu reden haben.« Das genügt vollauf zum Ruhm – für Hollywood.

Mary Pickford interessiert sich für Flugakrobatik. Wir wetten, ich gewinne. Mit der Tragfläche meines »Flamingo« hebe ich ihr Taschentuch vom Boden auf.

Am nächsten Vormittag kommt ein Herr zu mir ins Hotel.

Ob ich hier schon ein Auto besitze? – Nein.

Ob ich eins haben will?

Vielleicht. Wenn es nicht zu teuer ist.

Es kostet gar nichts. Draußen vor dem Hotel steht der Wagen. Eine viersitzige Limousine. Wenn ich mit der Tragfläche ein Taschentuch von seinem Verdeck herunterhole, wie gestern bei Mary Pickford, gehört der Wagen mir.

Einen Fotografen hat der Propagandachef der Fabrik auch gleich mitgebracht. Fünf Minuten später bin ich Autobesitzer.

Drei Wochen bin ich in Hollywood, dann endlich höre ich »das Wörtchen« des Filmmannes. Der Generalmanager läßt mich um eine Unterredung bitten. Er springt gleich mit beiden Beinen in die Sache hinein. »Wir wollen einen Richthofen-Film drehen, brauchen einen fliegerischen Berater.«

Er nennt eine Summe, sie ist phantastisch. Einen Augenblick überlege ich. Richthofen? Nein! Zu groß für Hollywood.

»Kommt nicht in Frage!« sage ich.

Der Agent zuckt die Achseln. »Schade!« sagt er. Aber er drängt nicht, fragt nicht nach den Gründen. Sachlich. Unsentimental. Amerikanisch.

*

Der Vorsitzende erhebt die Stimme. Er hat einen würdigen, zweigeteilten weißen Bart.

»...und nun haben wir noch eine große Freude für unseren Fliegerhelden. Unter uns weilt ein Mann, ein schlichter Mann, der im Jahre 1918 den Leutnant Udet aus dem feindlichen Kugelregen gerettet hat. Herr Mueller, bitte!«

Tosender Beifall der Versammlung.

Ein Mann steigt aufs Podium hinauf. Ein wenig zögernd, verlegen. Er ist kaum mittelgroß, blaß, sehr mager. Hat schütteres blondes Haar. Ich könnte darauf schwören, ich habe ihn noch nie in meinem Leben gesehen. »Nun, Herr Mueller«, ermuntert der Vorsitzende, »begrüßen Sie Herrn Udet.«

Mueller beginnt zu reden, in dumpfen Kehllauten, seine Stimme zittert. »Es freut mich«, sagt er, »Sie noch einmal im Leben wiedergesehen zu haben, Herr Major.«

Ich sehe ihn an von oben bis unten. Seine Manschetten sind zerstoßen, seine Schuhe geflickt. In seinen hervorquellenden blauen Augen aber steht Angst. Die Angst des Getretenen, vom Leben Zerbeulten. Der um seine letzte Hoffnung kämpft. » Give him a chance!« denke ich, trete auf Mueller zu.

»Ich danke Ihnen, Herr Mueller«, sage ich laut, gebe ihm die Hand. Donnernder Applaus im Saal. Mueller errötet. Plötzlich beginnt er mit volltönender Stimme zu erzählen. Wie er mich gefunden hat, halb ohnmächtig im Stacheldraht. Wie er mich aufgehoben und nach Hause getragen durch den Kugelregen. Wie eine Mutter ihr Kind. Als er geendet, muß ein Tusch geblasen werden, um dem Vorsitzenden Ruhe zu verschaffen. So laut tönt Jubel und Geschrei. Unten im Parkett wird Mueller von Reportern umdrängt. Zuweilen schickt er einen Blick zu mir herauf, verschämt lächelnd. Dann beantwortet er weiter die Fragen.

Ein paar Tage später höre ich von Bekannten, Mueller hat eine Anstellung bekommen. In einer deutschen Großschlächterei. Vorher war er arbeitslos. Seit langem.

Am Rande der Welt

David hat einen Seehund geschossen. Er hat ihn auf den Sand hinaufgezogen und ausgeweidet. Es ist ein mageres Tier. Denn wir sind im Frühsommer, und die Brunstzeit hat ihm seinen Speck genommen.

Wir sitzen auf der Bank vor der kleinen Hütte, die aus Rasenstücken zusammengefügt ist, und sehen David zu. Hinter ihm treibt das Meer vorbei, graugrün in leichter Dünung. Mächtige Eisberge schwimmen auf den Wellen, gleiten wie große, stille Schwäne vorüber. Nur manchmal reißt einer plötzlich entzwei, dann dröhnt ein Krachen durch den Fjord wie Batteriefeuer, wird drüben von den lotrechten Basaltfelsen des Festlandes donnernd zu uns zurückgeworfen, schwebt in verirrten Tönen noch lange in der Luft. Der Berg »kalbt«, wälzt sich im Wasser herum. Fünf Meter hohe Flutwellen springen vor ihm auf, verenden rauschend am Strand.

David hat seine Arbeit beendet, er wischt das blutige Messer an der Bärenfellhose ab. Er geht voran, seine Frau folgt ihm. Sie trägt das Kajak. Dann kommen die Kinder. Jedes schleppt ein Fleischpaket auf dem Rücken, so viel wie es mit den dünnen Ärmchen gerade umspannen kann. Als David an uns vorübergeht, grüßt er gemessen und feierlich. Er ist ein großer Jäger. Seine Frau aber lacht uns zu, daß die Zähne im rotbraunen Gesicht blitzen.

Unser Expeditionsschiff in Nugaitsiak

Auf dem Sande ist nur das Gerippe des Seehunds zurückgeblieben und die Kaldaunen. Schon sind die Hunde darüber her, eine zuckende Masse von haarigen Körpern, den einzelnen kann man nicht mehr unterscheiden.

Plötzlich springen sie aufjaulend auseinander. Eine Gasse entsteht. Hindurch schreitet Nanunsiarssuit, der »Bärenjäger«, der größte und stärkste Hund des ganzen Dorfes, der Hundekönig von Igdlorsuit.

Die andern haben von der Beute abgelassen, sitzen hechelnd im Kreis herum. So, als ob ein Mensch in der Mitte stünde, die lange Seehundspeitsche schwänge, die Haut und Haar in großen Fetzen aus dem Fell reißt. Der »Bärenjäger« aber beachtet die andern nicht. Er beschnüffelt das Gerippe, das bißchen Darm, das noch herumliegt, hebt sein Hinterbein, spritzt einen dicken Strahl auf die Reste. Dann geht er langsam und gravitätisch durch die Reihen der andern davon. Und wieder öffnet sich eine Gasse vor ihm.

Schneeberger springt auf: »Den Hund muß ich haben!« sagt er. Schriek und ich sehen uns über seinen Kopf hinweg an. Wir lächeln. Wir sind schon sechs Wochen in Igdlorsuit. Lange genug, um zu wissen: der Jäger David würde sich eher die rechte Hand abhacken, als seinen Nanunsiarssuit verkaufen.

Im Norden über den Wassern steigt eine rote Leuchtkugel auf, dann zwei grüne. Wie flammende Lerchen stehen sie zitternd einen Augenblick auf dem Scheitelpunkt, stürzen ins Meer. Fancks Signal: die Aufnahmen beginnen, Schriek und Schneeberger sollen kommen. Schon stapfen die beiden Eskimos in ihren Gummihosen wichtig und eilig durchs Dorf zum Strand hinunter, um Schrieks Maschine zu wassern. Schneeberger und Schriek sind ins Haus gegangen, haben sich Pelze für den Flug übergezogen. Sie kommen heraus, verabschieden sich von mir. Dann sehe ich ihre kleine »Klemm« nach Norden verschwinden. Wie eine Seeschwalbe taucht sie an den Wänden der Basaltfelsen hin.

Sechzig Kilometer sind's über die Wasser des Fjords bis hinauf nach Nugaitsiak. Dort oben ist das Lager der Expedition, dort sind Fanck und die anderen Teilnehmer der Expedition. Der Film » SOS! Eisberg« wird gedreht.

Sie brauchen festes Packeis dazu, um an die treibenden Eisberge heranzukommen.

Nur Schriek, die Mechaniker und ich sind in Igdlorsuit geblieben. Denn hier ist der einzige Flachstrand im ganzen Fjord, und wir haben Sandstrand zur Landung nötig.

Manchmal kommt Schneeberger herunter zu Besuch. Wir haben zusammen die Hochgebirgsfilme gedreht, den »Piz Palü« und »Stürme über dem Mont Blanc«. Wir sind zusammen in Afrika gewesen. Solche Arbeitskameradschaft bindet wie der Schützengraben.

In der ersten Zeit war die Zusammenarbeit schwer. Aber allmählich haben wir eine Verständigung zwischen Flugzeug und Erde geschaffen. Leuchtkugeln rufen uns aus der Ferne, bunte Stäbe auf Doktor Fancks weißem Zelt geben uns Signale während der Filmaufnahmen.

Jetzt besteht sogar eine Postverbindung. Die Briefsäcke werden in Nugaitsiak zwischen zwei hohen Stangen aufgehängt, wir fangen sie im Fluge und werfen unsere Briefe ins Lager ab. Auch Marken haben wir schon. Der Amerikaner Rockwell Kent hat sie entworfen und handgedruckt. Er lebt drei Viertel des Jahres hier oben in Grönland in Igdlorsuit. Die Eskimos lieben ihn wie einen älteren Bruder, denn er besitzt die Weisheit des Enttäuschten: die Liebe zur Natur und das Herz für einfache Menschen.

Auch das Fliegen ist uns im Anfang nicht leicht geworden. Dicht unter der Oberfläche des Meeres schwimmt Blaueis. Glashell, glasklar, von oben nicht zu sehen. Aber wenn man bei der Landung mit den Schwimmern daraufschlägt, ist der Boden hin. Über vierzig Löcher haben Baier und Buchholz schon reparieren müssen, obwohl wir erst wenige Wochen hier sind.

Einmal blieb mein Motor stehen, ich mußte zwischen zwei Eisbergen aufs Wasser niedergehen. Die Berge trieben mit großer Geschwindigkeit aufeinander zu, hätten mich leicht zermalmen können. Ich kletterte aus der Kabine heraus auf die Schwimmer, warf den Propeller an, konnte den Knüppel gerade noch packen und zwischen den siebzig Meter hohen, blauschimmernden Wänden der Eiskolosse hinausfliegen in die freie Luft.

Auch Schriek hat einen Unfall gehabt. Erst gestern war das. Benzinrohrbruch. Er mußte auf offenem Wasser niedergehen. Vier Stunden hat es gedauert, bis ich ihn mit einer Stahltrosse nach Igdlorsuit eingeschleppt habe. Der Wind stand quer zu uns, es war schwere Dünung.

Abends sitzen wir auf der Bank vor der kleinen Holzkirche, in deren Oberstock wir wohnen. Manchmal spielen wir Ziehharmonika. Dann stehen die Mädchen um uns herum in ihren bunten, fellbesetzten Festtagskleidern. Meist aber schweigen wir und rauchen. Dann kommt der alte Daniel, der Vater von David, der in seinen Jahren selbst ein großer Jäger war.

Er setzt sich neben uns, streckt die runzligen Hände in die blasse Sonne und kaut Matak. Es ist der Bauchspeck vom Walfisch, in kleine Würfel geschnitten. Wie Walnußkern schmeckt er.

Daniel schielt begehrlich nach unserem Tabak, aber er bettelt nie. Dazu ist er zu stolz.

Manchmal geben wir ihm einen Schluck Korn. Dann lacht er, fängt an zu schwatzen. Rockwell Kent, der mit uns auf der Bank sitzt, dolmetscht. Der Alte erzählt Geschichten von der großen Jagd.

Er steht auf, reckt sich: so kam der Bär auf ihn zu.

Sie waren allein oben, ganz oben an der Grenze vom Inlandeis. Die Hunde saßen im Halbkreis um den Bären herum und verbellten ihn. Einer schnellte hoch, sprang den weißen Feind an. Mit gebrochenem Rückgrat wälzte er sich im Schnee. Ein zweiter stürzte, von der Bärenpranke getroffen, zu Boden. Ein dritter.

Da nahm Daniel selbst den Bären an. Mit der Harpune, denn Feuerwaffen gab's noch nicht.

Mit seinen alten, zitternden Händen ergreift er ein Paddel, das neben uns an der Wand lehnt, fuchtelt damit in der Luft herum. Es sieht rührend aus, und doch ist es nicht lächerlich. Denn hier erzählt ein Mann von seinen vergangenen Taten.

Der Bär packte die Harpune mit den Zähnen und mit der Pranke. Sie zersplitterte wie ein Eiszapfen, den ein Kind zerschlägt.

Da riß Daniel das lange Messer aus dem Stiefel, stürzte auf den Bären. Er unterlief die tödliche Umarmung, rannte von unten her dem Bären das Messer ins Herz. Blut spritzte heraus in hohem Bogen, spritzte über ihn hinweg...das Blut seines Todfeindes. Und der Bär sank hin...und die Hunde waren über ihm...

Der alte Daniel muß husten. Er hustet so stark, daß er sich an die Holzplanken der Kirche lehnen muß. Dann spuckt er aus. In den Sand. Er spuckt Blut.

Er schüttelt den Kopf, grinst ein bißchen, schleicht in seine Hütte zurück. Ohne Abschied. Er ist schwindsüchtig und wird's nicht lange mehr machen.

Viele sind schwindsüchtig hier oben. In dem einen Nordlandsommer, den wir in Igdlorsuit bleiben, sterben sieben aus dem Dorf. Sieben von siebzig.

*

Drei Leuchtkugeln steigen auf aus dem Lager von Nugaitsiak. Das heißt, ich soll landen. Es ist nicht leicht am hohen Steinstrand. Zwei Mann helfen mir dabei, dann laufe ich hinauf zu den Zelten.

Dort sind alle in Aufregung. Doktor Sorge ist verschwunden, der wissenschaftliche Begleiter der Expedition. Vor acht Tagen ist er abgefahren im Faltboot nach Norden hinauf zum Rink-Gletscher.

Eskimomädel

»Sieben Tage kannst du ohne Sorge sein«, hat er lachend zu seiner Frau gesagt, als er abfuhr. »Aber wenn ich am achten nicht zurückkomme, benachrichtige Fanck und die andern.«

Dann ist er abgefahren mit seinem kleinen Klepper-Boot, in den schmalen Wasserrinnen zwischen dem Packeis verschwunden. Er ist ganz allein gefahren. Die Eskimos, die ihn begleiten wollten, hat er zurückgewiesen.

Heute ist der achte Tag. Und heute morgen ist ein Jäger ins Lager gekommen, der im Kangerdluk-Fjord auf Seehunde aus war. Er hat dicht hinter den großen Wasserfällen die Trümmer eines Faltboots auf dem Packeis gefunden. Den Steven hat er mitgebracht. Kein Zweifel, es ist ein Stück von Sorges Boot.

Knud Rasmussen, Grönlands ungekrönter König

Wir starten sofort, Schneeberger und ich. Wir fliegen den Kangerdluk hinauf über dem Packeis zwischen den schwarzen, fast tausend Meter hohen Felsen entlang, die das gewaltige Becken des Inlandeises säumen.

Am Wasserfall, der wie eine weiße Marmorsäule im dunklen Basalt steht, kreisen wir auf und nieder.

Aus den Rissen im Eise dampft die Kälte des Meeres zu uns herauf. Manchmal sehen wir schwarze Schatten auf der blauschimmernden Fläche. Aber wenn wir hinabstoßen, dann ist's nur eine Scholle, die der erdige Grund des Festlandes schwarz gefärbt hat.

Unser Benzin wird knapp, wir müssen zurück. Als wir landen, läuft uns das ganze Lager entgegen.

Ich gehe hinauf in Sorges Zelt. Dort wartet seine Frau. Sie sitzt auf dem schmalen Feldbett. Leni Riefenstahl ist bei ihr, hat ihr den Arm schwesterlich um die Schulter gelegt.

Mit Leni Riefenstahl

Gerda Sorge weint nicht. Sie sitzt stumm da mit versteintem Gesicht, ringt die Hände, daß die Knöchel weiß hervortreten.

Diese verzweifelten Frauenhände sind schlimmer als Tränen.

Ich lasse tanken zum zweiten Start, diesmal allein. Aber Schneeberger klettert schon in die Kiste: »Vier Augen sehen mehr als zwei!« erklärt er.

Wir fliegen.

Jetzt will ich weiter nach Norden hinauf. Es ist ein Gedanke von mir: vielleicht ist Sorge viel weiter nördlich verunglückt, und das Packeis hat die Bootstrümmer mit nach Süden geführt.

Wir fliegen in halber Höhe der Felsen. Manchmal müssen wir den ragenden Zacken hoher Eisberge ausbiegen, der Fjord wird immer enger, immer düsterer.

Der Rink-Gletscher – Sorges Ziel. Ein Dom aus schimmerndem Eis. Hundertzwölf Meter hoch und fünfzehnhundert Meter breit ragt die glasgrüne Mauer aus dem Meer auf. Hier schiebt sich das Inlandeis in seiner ganzen Mächtigkeit in die Wellen.

Wir jagen an der Gletscherwand entlang... keine Spur von Sorge.

Ein Blick nach oben. Da – vom dunklen Gestein am Südrande des Gletschers steigt pfeilgerade eine dünne Rauchsäule in den Himmel.

Wir kurven, fliegen darauf zu. Schneeberger deutet mit ausgestreckter Hand nach unten. Ein paar überlebensgroße Männer stehen wie Schildwachen auf dem Fels. Ich halte auf sie zu. Es sind Felssteine, denen Sorge Kleider von sich übergezogen hat. Seinen bunten Sweater, seine Mütze. Sie sollen uns auf den Weg zu ihm führen.

Dann sehen wir ihn selbst. Der dürre, vollbärtige Mann hopst um das Feuer herum wie ein Baalspriester, wirft seine Arme zum Himmel.

Wir umkreisen ihn, winken. Den Knüppel zwischen den Knien, kritzle ich schnell ein paar Zeilen: »In zwei Stunden ist Boot bei Ihnen«, schiebe das Papier in eine leere Patronenhülse, werfe es ab. Wir sehen noch, wie er es aufhebt. Dann fliegen wir zurück.

Im Kajak

Unterwegs treffen wir unser Motorboot. Langsam schiebt es sich durch das Packeis nach Norden. Wieder werfen wir einen Zettel ab mit der Positionsmeldung von Sorges Standort. Winken ... Tücherschwenken ...

Im Lager freudige Aufregung. Aus allen verfügbaren Gefäßen wird das letzte Benzin zusammengekratzt für den dritten Flug. Denn es ist nicht sicher, daß das Motorboot Sorge heute noch erreicht.

Diesmal kann Schneeberger nicht mit. Auf dem Beobachtersitz steht, mit einem Strick zusammengebunden, ein großer Sack mit Lebensmitteln, Brennstoff, Decken.

Sorge hat mich schon von weitem gehört. Er steht auf einer Felszinne und winkt mir. Dicht über ihm ziehe ich meine Kreise. Ich packe den Sack, hebe ihn aus dem Beobachtersitz. Da spüre ich einen scharfen Ruck am Hals, mein Kopf wird nach hinten gerissen, schlägt gegen die Rückwand des Sitzes. Der Strick des Proviantsacks hat sich um meinen Hals geschlungen, würgt mich.

Das Flugzeug flattert dicht über dem Felsgrund. Mein Griffmesser – ein rascher Schnitt – ich bin frei!

Ich fasse den Knüppel wieder, sehe nach unten.

Der Sack ist Sorge gerade vor die Füße geplumpst. Er hat nichts von allem bemerkt, winkt und schüttelt die gefalteten Hände zu mir herauf.

Sechs Tage später ist Sorge wieder in Nugaitsiak. Er hat das gewaltigste Schauspiel erlebt, das je ein Mensch gesehen hat. Eine Kalbung des Rink-Gletschers. Eismassen, so groß wie alle Häuser Berlins zusammen, sind ins Meer gestürzt, dreihundert Meter hoch spritzten die Wasserfontänen. Und eine Flutwelle hat sein Boot, das vier Meter über dem Strand an dem Felsen lag, zertrümmert und die Reste nach Süden entführt.

*

Am Nachmittag haben wir geschossen. Ich habe ein Preisschießen veranstaltet, der Beste soll meine Winchesterbüchse haben. Alle Männer von Igdlorsuit sind eingeladen.

Und alle sind gekommen, haben ihre Büchsen mitgebracht. Ganz alte Flinten, sogar ein Vorderlader war darunter.

Preisschießen in Jgdlorsuit

Ich bin kein schlechter Schütze. Bei den Wettkämpfen im Geschwader Richthofen habe ich immer meinen Mann gestanden. Aber gegen die Grönländer kann ich nicht aufkommen.

Sie laden schwerfällig und bedächtig, zielen lange. Aber sie stehen wie Basaltblöcke, und ihre Hand ist ruhig, wie aus Stein gemeißelt. Fast jeder Schuß sitzt in den inneren drei Ringen, jeder zweite trifft das Zentrum.

Den Sieg und die Büchse erringt Imerarsuk, der »kleine Wassersack«.

Er preßt sie an sich, streichelt sie, läuft lachend mit ihr davon in seine Hütte.

Am Abend kommt David zu mir. Sein Vater liegt im Sterben, der alte Daniel. Er hat noch einen Wunsch: er möchte mit dem Menschenvogel über den Fjord fliegen und über Igdlorsuit.

Der alte Daniel

»Es ist gut«, sage ich. »Rufe die Gummihosen, daß sie die Maschine fertig machen, und bringe deinen Vater zum Strand.«

Zwei tragen den alten Mann, heben ihn in das Flugzeug. Ich stülpe ihm die Fliegerhaube über, setze ihm die Brille auf. Er lacht wie ein Kind.

Wir starten. Schwerfällig hebt sich der Vogel in die Luft, schraubt sich in Kurven höher und höher.

Das Meer liegt unter uns, gelb im Schein der scheidenden Sonne. Weiße Eisberge segeln darüber hin.

Es ist schon hoch im Jahr, der Winter schirrt im Norden seine schwarzen Pferde.

Dann kommt die Nacht, die lange Nacht.

Höher... immer höher... Die Erdhütten von Igdlorsuit sind klein wie Maulwurfshügel, die Kirche streckt schüchtern ihren hölzernen Finger in die Luft.

Nikinak hört meinen Argusmotor

Die Berge bleiben unter uns, der Blick öffnet sich nach Norden, wo wie ein stählerner Schild die weite Fläche des Inlandeises in der Sonne funkelt, endlos bis zum Horizont.

Wunderbar, wie der alte Mann da vor mir jede Bewegung des Flugzeugs mitlebt, wie sein Körper in jeder Kurve mitschwingt. Der Jäger, der im Kajak den Gang der Wellen spürte, kennt das Gesetz des Elements.

Der Motor rauscht dröhnend. Schweigend versinken unter uns Land und Meer.

Da klingt eine Menschenstimme auf, aus tiefster Brust aufsteigend, in langgezogenen, mächtig hallenden Tönen.

Der alte Daniel singt.

Er singt noch immer, als wir landen, als sie ihn aus dem Boot heben und in seine Hütte tragen. Er singt, bis er in der dunklen Höhlung verschwindet.

Am nächsten Morgen steht David vor meiner Tür: »Mein Vater ist diese Nacht gestorben.«

Ich gebe ihm die Hand.

»Du bist mein Freund«, sagt er, »du kannst immer bei mir bleiben.«

Aber ich muß weiter. Bald beginnt die große Nacht, und dann versinkt alles Leben.

Ausklang

Die Generation, der ich angehöre, ist durch den Krieg geformt worden. Er traf uns in den entscheidenden Jahren. Die Schwachen sind daran zerbrochen. In ihnen ist nichts zurückgeblieben als lähmendes Entsetzen. In uns andern aber – und hier spreche ich für fast alle Frontsoldaten – ist der Lebenswille härter und stärker geworden. Ein neuer Lebenswille, der weiß, daß das Dasein des einzelnen nichts, das Leben und die Zukunft der Gemeinschaft alles bedeutet.

Vierzehn Jahre lang haben wir diese Erkenntnis durch eine fremde Welt getragen. Sie verstanden nichts von der Größe unseres neuen Glaubens. Sie wollten nichts wissen von den harten Tugenden des Soldaten, Kameradschaft, Pflichterfüllung und dem Geist des letzten Opfers. Wir waren fremd unter ihnen und arbeiteten ums Brot. Ich bin geflogen, um zu leben. Aber zugleich hatte ich die Hoffnung, durch meine Arbeit den Gedanken der deutschen Luftfahrt wachzuhalten. Ich bin in fremden Erdteilen gewesen. Überall habe ich Kameradschaft gesucht. Ich habe gesucht und habe sie gefunden, in Deutschland, in Amerika, im afrikanischen Busch und im Eise Grönlands:

Fliegerkameradschaft!...

Aber insgeheim war in mir und in uns allen die Sehnsucht, den Geist, der uns geformt hat, als lebendige Macht wirken zu sehen in dem Volke, dem wir zutiefst verbunden sind.

Das ist geschehen, und deshalb schließe ich dies Buch. Denn mein eigenes Leben ist unwesentlich geworden, ist eingeströmt in den Fluß unseres gemeinsamen deutschen Schicksals.

Wir sind Soldaten ohne Fahne gewesen. Wir haben unsere Fahne wieder aufgerollt. Der Führer gab sie uns zurück.

Für die alten Soldaten lohnt es sich wieder, zu leben.

Ernst Udet zum Gedächtnis

Der GL

Ein Tag in der Luftwaffenschmiede

Morgens um sieben – er ist eben aufgestanden – schrillt das Telefon. Schneller Griff nach dem Hörer: die bereits aus dem Bett verlangte Wettermeldung wird durchgegeben. Hastiges Anziehen, eine Tasse Tee, ein paar Brötchen heruntergeschlungen. Dazwischen wieder Telefonate. Auch der Adjutant meldet sich und ruft ihm das festgelegte Tagesprogramm nochmals ins Gedächtnis. Frage: Was liegt sonst vor? Dann kurz und knapp die Dispositionen.

Am Apparat ist der Befehlshaber der Nachtjagd. Er berichtet: »Diese Nacht famos! Fünf oben an der Küste erwischt, darunter zwei Viermotorige!«

Schnell aufschießende Freude. »Großartig, die Jungens, einfach großartig! Wenn's so weitergeht, kommt bald keiner mehr rüber.«

Unten wartet der Wagen. Fahrt zum Amt in mehr als zulässigem Tempo. Er zwingt allen sein eigenes Tempo auf, Menschen und Maschinen. Halb neun Eintritt in den riesigen Bau des Luftfahrtministeriums, die Stätte seines Wirkens. Kurzer Gruß. Und während er im Arbeitszimmer den Mantel ablegt, ruft er schon hinüber durch die offene Tür: »Laßt mal gleich laufen!«

Und schon sind die ersten da. Männer der Forschung. Man berichtet über neue Schleppversuche. Der Chef des Stabes und der General-Chefingenieur sind hinzugekommen. Udet hört zu, die hellblauen Augen in der Konzentration des Nachdenkens auf den Vortragenden gerichtet. Er fährt mit einer kurzen Frage dazwischen: »Haben Sie die Filme mitgebracht?«

»Sind schon im Vorführraum!«

Sofort geht's über den Gang hinüber, zu Udets eigenster Erfindung. Hinfliegen, die Sache ansehen, kostet einen Tag oder mindestens einen halben. Ein Film sagt in fünf Minuten alles Wesentliche. Und Zeit sparen, heißt die Parole, schneller sein als der Gegner, auf allen Gebieten, immer schneller. Der Film rollt ab. Sowie es hell wird, kurze Anweisung: »Sache weiter verfolgen!«

Der Industrierat wartet schon. Sein Wortführer erstattet Bericht über seine letzte Rundreise. Tag und Nacht dröhnt es in den Fabrikhallen, und der Wald rauchender Schlote erstreckt sich über Deutschland, Europa. Ein Großteil des deutschen Volkes lebt und webt heute für die Luftwaffe. Hier ist das Hirn, und das Hirn dieses gewaltigen Trusts ist er, Ernst Udet, der Generalluftzeugmeister, in der abstrakten Sprache der Büros »GL« genannt.

Mitten in den Bericht hinein klirrt der Apparat. Feldmarschall Milch: »Heute nachmittag 16 Uhr Besprechung beim Reichsmarschall.«

»Jawohl, bin dann gerade zurück von der Erprobungsstelle.«

Klirr! Wieder der Fernsprecher: »Der Erfinder einer neuen Leuchtbombe wünscht Herrn Generaloberst zu sprechen.«

»Augenblick warten, soll die Sache zunächst mit der Bombenabteilung besprechen.«

Die Industriebesprechung nähert sich ihrem Ende: »Die Industrie ist voll angelaufen, sie wird den gewaltigen Programmforderungen gerecht werden und die Voraussetzungen…«

Udet unterbricht: »Werden wir schaffen, und der Eiserne will's!«

Der »Eiserne«, das ist der Reichsmarschall Hermann Göring.

Der nächste, einer der vielen »nächsten«, der Leiter der Flakentwicklung. Er macht Vorschläge für die neuesten schweren Abwehrwaffe«.

»Jawohl, sofort!«

Der Adjutant kommt mit der Post. Kurzer Stoßseufzer: »Verdammtes Papier!« Dann geht's über die Mappen her. Es ist alles nach Wichtigkeit geordnet, aber Reste bleiben immer übrig. Er liest schweigend, macht Randbemerkungen, unterschreibt. Die Sekretärin ruft durch: »Der Bevollmächtigte für Sonderaufgaben möchte sich als Neubeförderter melden.« Alter Kriegskamerad, denkt er, soll kommen! Blick auf die Uhr: Kurz vor zwölf, höchste Zeit, zur Erprobungsstelle zu starten.

Hinein in den Mantel, Ruf ins Vorzimmer: »Ist der Wagen da?« Die Sekretärin öffnet das Fenster, klatscht in die Hände, im Hof fährt das Auto vor.

Sausende Fahrt zum Flughafen Tempelhof, wo die »Siebel« schon mit laufenden Propellern wartet. Nach knapp halbstündigem Flug Landung auf dem Flugplatz der Erprobungsstelle. Viele Hallen, dröhnender Maschinenlärm, grüner Rasen, Startbahnen, sich dehnend bis ins Grau des Horizonts, und darüber der endlose Himmel: Flugplatzatmosphäre.

Der Kommandeur der Erprobungsstellen, von zahlreichen Mitarbeitern umgeben, wartet auf dem Rollfeld. Begrüßung, Handschlag. Mitten unter den Männern Hanna Reitsch, der Flugkapitän mit dem EK.

Und da der neue Typ. Er geht um ihn herum, betrachtet ihn wie ein passionierter Reiter ein edles Rassepferd. Er hat schon erfaßt, was in ihm steckt. Dazwischen kurze, messerscharfe Fragen.

Und dann wartet er nicht lange, steigt ein, startet. Die Maschine zieht pfeilschnell zum Himmel hinauf, kurzes Einfühlen, man merkt es, dann schärfste »Gangart«, Sturzflug bis dicht über den Boden, wieder hochgezogen. Ein Meister regiert sie.

Er landet, die anderen laufen hinzu. Kurzes Frage-und Antwortspiel unter Fachmännern. Diskutierend gehen sie über den Flugplatz, manches andere, Neue lockt noch an, und – eine Stunde später wieder in Berlin – geht der GL diskutierend mit Feldmarschall Milch durch den Garten zum Ministerbüro hinüber, dem Sitz des Reichsmarschalls, unterm Arm die dickgeschwollene Mappe mit Akten über Rüstungsprogramme, Fliegerwaffen, Industriebelegschaften und manches mehr, vorsichtshalber.

Zwei Stunden später ist er zurück, die Arbeit rollt weiter. Der Chef des Nachschubamtes will noch über die Auswertung russischer Beute referieren, der Bevollmächtigte für das Luftfahrtindustriepersonal spricht über Anwerbung und Einsatz spanischer und holländischer Arbeiter, der Amtschef für Wirtschaft und Haushalt berichtet über Finanzfragen der Industrie.

19 Uhr 30... und um 20 Uhr beginnt die Sitzung der Deutschen Akademie der Luftfahrtforschung. Zum Umziehen daheim reicht's nicht mehr, aber neben dem Arbeitszimmer ist das Bad, im Büroschrank sind Uniformen, und pünktlich betritt er im Abendgesellschaftsanzug den Saal im Haus der Flieger.

Ein paar Vorträge steigen. Vor diesem fachmännischen Auditorium kann man sich auf das Wesentliche beschränken. Gespräche, die die Hast des Tages nicht erlaubte, können hier weiter ausschwingen. Er unterhält sich mit Industrieführern, er spricht lange und eingehend mit einem jungen Oberleutnant von der Front über dessen Erfahrungen mit neuesten Jagdtypen. Er spricht noch mit vielen anderen, Wirtschaftlern, Technikern, Fliegern, und immer dreht sich das Gespräch um dasselbe Thema: um seine Arbeit, um die Luftwaffe, für deren Rüstzeug er Führer und Reichsmarschall bürgt.

Es ist lange nach Mitternacht, als sein Wagen über die menschenleere Heerstraße heimwärts rollt.

Das war sein Leben, Tag für Tag bis zum letzten Tage. Im ersten Weltkrieg der für Millionen sichtbare Frontkämpfer und Sieger am Himmel, im zweiten ein für Millionen unsichtbarer Luftwaffenschmied. Seine Leistung so oder so: Unvergleichlich, unvergänglich!

Oberst Angermund
GL/Adjutantur

Generaloberst Udet tödlich verunglückt
DNB Berlin, 18.11.1941

Der Generalluftzeugmeister Generaloberst Udet erlitt am Montag, dem 17. November 1941, bei Erprobung einer neuen Waffe einen so schweren Unglücksfall, daß er an den Verletzungen auf dem Transport verschied. Der Führer hat für den auf so tragische Weise in Erfüllung seiner Pflicht dahingegangenen Offizier ein Staatsbegräbnis angeordnet.

In Anerkennung der hervorragenden Leistungen des im Weltkrieg in 62 Luftkämpfen siegreichen Jagdfliegers und in Würdigung der hohen Verdienste bei dem Aufbau der Luftwaffe hat der Führer den Generaloberst Udet durch Verleihung seines Namens an das Jagdgeschwader III ausgezeichnet.

Abschied von Udet

Die Trauerrede des Reichsmarschalls am 21. November 1941

Jetzt müssen wir Abschied nehmen. Unfaßbar ist uns der Gedanke, daß Du, mein lieber Udet, nicht mehr unter uns weilst. Noch können wir es nicht verstehen, denn gerade Deine Art war so kraftvoll, so belebend und so fröhlich, und Du warst uns ein so guter Kamerad, daß jeder einzelne von uns sich Dir auf das innigste verbunden fühlte.

Deine Verdienste zu rühmen, ist nicht meine Aufgabe; denn durch Deine Tat bist Du unsterblich geworden. Du wirst immer zu Deutschlands größten Helden zählen.

Ich denke zurück vor Jahren, da waren wir beide noch jung und Jagdflieger, und Du warst der fröhlichste unter uns. Und doch – wie hart war Dein Wille und wie stahlklar Dein Auge, wenn es galt, den Feind zu vernichten! Nächst unserem Manfred von Richthofen warst Du der Siegreichste unter uns und hast in jungen Jahren schon Ruhm auf Ruhm geerntet. Unbesiegbar galtest Du uns, und wo immer Du auftratest, wußten wir, daß der Feind weichen mußte.

Und dann zerbrach unsere herrliche Waffe, aber nicht Du und nicht wir sind damals zerbrochen. In uns blieb der Glaube lebendig, daß solche Taten, die ein Richthofen, ein Boelcke und ein Udet vollbracht hatten, niemals vergehen können. Dein ganzes Leben galt ja immer unserer geliebten Luftwaffe, und vom ersten Tage ihrer Zerstörung an warst Du schon wieder tätig an ihrem Aufbau. Dein Name ging damals durch das ganze Reich; auf jedem Flugtag sahen wir Dich starten. Durch Deine kühnen Flüge gabst Du dem Volk immer wieder den Glauben an unsere Luftfahrt, an unsere Luftwaffe, und auch draußen in der Welt vertratest Du weiter den kühnen Geist unserer Waffe. Ob über den eisigen Gletschern Grönlands oder den tropenheißen Wüsten im Innern Afrikas, in Asien oder Amerika – überall bliebst Du der siegreiche Flieger.

Und wie oft sprachen wir, daß wir den Tag ersehnten, da unsere Luftwaffe neu und stärker erstehen sollte! Und dieser Tag kam. Als damals, an jenem 30. Januar, unser Siegesbanner das leuchtende Hakenkreuz, über Deutschland aufstieg, da war auch der Tag für uns gekommen. Und als der Führer mir die ehrenvolle Aufgabe übertrug, die neue Luftwaffe aufzubauen, da rief ich meine Kameraden von einst, und unter den ersten – wie es gar nicht anders denkbar war – warst Du.

Ich übertrug Dir damals die Waffe, die Du zum größten Sieg geführt hattest, den Aufbau unserer Jagdfliegerei. Wir waren Dir besonders verbunden. Wir waren Jäger der Luft und sind es geblieben. Du legtest die ersten Grundlagen.

Und dann kam die Stunde dort drüben in meinem Arbeitszimmer, da wir in gegenseitigem Gedankenaustausch eine neue Waffe schufen. Damals sprachst Du zum ersten Male davon, daß auch die Kampfflieger dem Feind dichtauf gehen müßten, so wie der Jäger seine größten Erfolge erzielt, wenn er dichtauf läuft und aus kürzester Entfernung die Waffe gebraucht. In diesem Gespräch vertratest Du Deine Auffassung, daß auch der Kampfflieger seine Bomben nicht aus unendlicher Höhe, sondern aus kürzester Entfernung und mit größter Kraftwirkung dem Feind entgegenschleudern müßte.

Damals sprachst Du zum ersten Male vom Sturzkampfflieger. Unvergessen sind mir Deine begeisterten Worte, mit denen Du – Soldat und Künstler zugleich – mir das auseinandergesetzt hast. Aus diesen Gedanken, die, wie mir plötzlich vor Augen stand, so unendliche Möglichkeiten boten, erwuchs der Entschluß, eine neue Waffe zu schaffen. Die Meisterung dieser neuen Aufgabe, diesen völlig neuen Weg, konnte ich nur Dir anvertrauen. Damit habe ich Dir die Entwicklung der gesamten Technik unserer Waffe übertragen. Denn gerade unsere Waffe ist darauf angewiesen, höchste Vollendung in der Technik zu entfalten. All den hoffnungsfreudigen, tapferen, kühnen Jungen, die zu uns kamen, die in Dir auch ihr Vorbild sahen, habe ich Waffen geben müssen, mit denen sie kraft ihres kühnen Geistes auch wahrhaft Großes leisten konnten. Du warst der Geeignete für die Schaffung dieser Waffen. Ein sechster Sinn befähigte Dich, zu erkennen, welche Maschine die richtige war.

Aber damit allein war es nicht getan. Wo gab es wohl einen Chef des technischen Amtes, der selbst jede neue Maschine ausprobierte! Zweimal mußtest Du beim Erproben einer technisch noch in den ersten Anfängen befindlichen Maschine mit dem Fallschirm abspringen. Wie glücklich waren wir damals alle, als Du damit uns Dein wertvolles Leben erhalten hattest.

Nirgends sonst ist es gewesen, daß der oberste Chef das alles selber tat. Durch Deinen persönlichen Einsatz gabst Du unseren tapferen jungen Fliegern das gewaltige Vertrauen in ihre Waffen. Denn was Du erdacht und erflogen hattest, das nahmen sie als selbstverständlich hin. Und unendlicher Stolz mußte Dich erfüllen, wenn ich Dir immer wieder sagen konnte, daß unsere Flugzeuge, wie wir immer wieder vergleichen konnten, die besten waren und die besten sind und kraft Deiner Arbeit immer die besten bleiben werden.

So standest Du kraftvoll und unermüdlich in ununterbrochener Arbeit, immer wieder Neues erfindend. Und ich war glücklich, daß die Natur Dir nicht nur die starke Pflichttreue des Soldaten, sondern auch das künstlerische Element gegeben hatte, und daß gerade diese doppelte Befähigung es Dir vergönnte, das Richtige zu erfassen und uns das Beste zu geben.

Und so bist Du nun auch für uns gefallen, wiederum weil Du alles selbst machen wolltest. Und wenn Du jetzt von uns gehst, so hinterläßt Du uns mit Deinem Lebenswerk ein Erbe, das die Zukunft mitgestalten wird, ein Erbe, welches sicherstellt, daß unsere Waffe stark und mächtig bleiben wird, unsere Waffe, die Dein ganzes Denken, Fühlen und Sehnen ausgefüllt hat.

Und neben Deiner rastlosen Arbeit warst Du uns immer der beste Kamerad, wie man sich ihn denken konnte. Mit Licht und Freude erfülltest Du uns, wenn wir Dich sahen. Optimistisch warst Du wie Dein ganzes Tun und Handeln. Lustig konntest Du sein, damals als ganz junger Jagdflieger, so auch jetzt als Generaloberst unserer Waffe. Und Du warst so ein eigener Mensch, uns allen so herzlichst verbunden; nicht nur denen, mit denen Du von Anfang an zusammen warst, auch unseren Jungen, besonders unseren jungen Jagdfliegern warst Du immer der ältere gute Kamerad. Und wie stolz warst Du auf sie, wenn sie ihre Erfolge errangen, wie stolz an jenem Tage, als zum erstenmal die Zahl Deiner Luftsiege überflügelt wurde. Da freute sich wohl niemand mehr als Du selber. Und so war es immer: bescheiden, vielleicht viel zu bescheiden bist Du gewesen.

Noch wissen wir nicht, wie wir die Lücke, die Du gelassen hast, ausfüllen sollen. Du warst ein so lebendiger Mensch, daß wir fast fühlen: Du bist immer unter uns. Und alle haben wir nur einen Wunsch: bleibe unter uns!

Der Allmächtige hat Dich abberufen, und nun kannst Du zu den anderen gehen, die vor Dir gefallen sind. Ich weiß nicht, wie es sein wird, aber wenn Du sie siehst, dann kannst Du ihnen melden, daß die neue Luftwaffe getreu dem Geist der Kämpfer des Weltkrieges stark geblieben ist, siegreicher geworden ist und der Garant des Sieges sein wird, den auch Du mit heißem Herzen in jeder Stunde erfleht hast.

Mit der Sicherheit und Siegeszuversicht, mit der Du gelebt hast, wollen wir weiter leben. Dein Tod soll uns darin bestärken. Und nun kann ich als letztes nur noch sagen: Mein bester Kamerad, leb wohl!«

Verewigt!

Tagesbefehl an die Luftwaffe

Kameraden der Luftwaffe!

Der Generalluftzeugmeister, Generaloberst Ernst Udet, ist am 17. November 1941 den Folgen einer bei der Erprobung einer neuen Waffe erlittenen schweren Verletzung erlegen. Ein kämpferisches Leben, das nur ein Ziel kannte – die fliegerische Erstarkung Deutschlands – ist damit beendet.

Mit Ernst Udet hat das deutsche Volk den nächst Richthofen siegreichsten Jagdflieger des Weltkrieges, die fliegerische Jugend ein leuchtendes Vorbild, die deutsche Luftwaffe den kühnen und zielbewußten Wegbereiter verloren. In stolzer Trauer senken sich an der Bahre des Ritterkreuzträgers und Inhabers des Ordens Pour le mérite die Fahnen seiner über alles geliebten Waffe. Ihr hat Generaloberst Udet in den dunklen Jahren nach Versailles, vor allem aber seit seinem Wiedereintritt in unsere Reihen den Weg zum Wiederaufbau und zum Sieg gebahnt.

Als Generalluftzeugmeister sorgte er für die Rüstung, die die deutsche Luftwaffe der Heimat zum starken Schild, für den Feind zu einem furchtbaren Schwert werden ließ. In tapferstem persönlichem Einsatz hat Generaloberst Udet, beladen mit ungeheurer Verantwortung, oft selbst die letzte und entscheidenste Flugerprobung neuer Baumuster vorgenommen. Erst dann, wenn ein solches Flugzeug den höchsten Anforderungen des Kampfes entsprach, überließ er es den Kameraden an der Front. Sein Wort »Soldat sein, heißt an den Feind denken und an den Sieg und sich selbst darüber vergessen« ist uns das Vermächtnis eines Heldenlebens und bleibende Verpflichtung.

Sein Ruhm ist unsterblich. Darum erfüllte ich heute den Willen des Führers und Obersten Befehlshabers der Wehrmacht und verleihe in seinem Auftrage dem Jagdgeschwader 3 den Namen

Jagdgeschwader Udet.

So wird das Andenken an einen unserer Größten in der Luftwaffe für alle Zeiten verewigt sein.

Göring
Reichsmarschall des Großdeutschen Reiches
und Oberbefehlshaber der Luftwaffe